Das Feuer des Prometheus

Griechische Sagen neu erzählt von
Willi Fährmann

Mit Illustrationen von
Don-Oliver Matthies

In neuer Rechtschreibung

1. Auflage als Arena-Taschenbuch 2004

Umschlag- und Innenillustration: Don-Oliver Matthies
Umschlagtypografie: knaus. büro für konzeptionelle
und visuelle identitäten, Würzburg
Gesamtherstellung: Westermann Druck Zwickau GmbH
ISSN 0518-4002
ISBN 3-401-02299-7

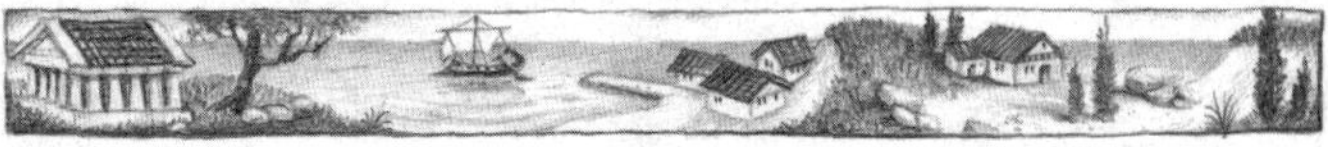

Inhalt

Wie die Welt entstand

Man kann es sich wirklich schlecht vorstellen, aber im Anfang gab es nicht Himmel, nicht Erde, nicht Sonne und Mond, nicht Sternenzelt, nicht Tag noch Nacht, nichts von alledem, was unsere Augen sehen und unsere Sinne erkennen. Chaos war, grau in grau und ohne jede Gestalt. Ein Drunter und Drüber ohne Ordnung, wabernde Nebelschwaden über dem gähnenden Nichts.

Doch dann bildete sich Gaia heraus, die Mutter Erde, und unter der Erde die unermessliche Tiefe, der Tartaros. Und Eros war, die bis in die Ewigkeit bestehende Liebe. Gaia brachte Uranos hervor, den Herrscher des Himmels. Er war ihr Geschöpf und ihr Geliebter zugleich. Jede Nacht kam er zu ihr.

Zahlreich waren ihre Söhne und Töchter, Titanen sie alle. Okeanos gehörte zu den Söhnen und Hyperion, Kreon, Koios und Kronos, der jüngste von ihnen. Unter den Töchtern sollen nur Theia, Phoibe, Rhea und Tethys genannt sein. Auch die unförmigen Kyklopen, Riesen mit nur einem Auge mitten in der Stirn, zeugte Uranos mit Gaia.

Aber er liebte die Kyklopen nicht. Es bereitete ihm

Vergnügen, sie in die tiefsten Tiefen der Erde, in den Tartaros zu verbannen. Gaia litt darunter, dass ihre Kinder ihr nicht nahe sein konnten. Schließlich versuchte sie die Titanen gegen Uranos aufzuwiegeln. Nur der Titan Kronos war bereit gegen den Vater anzugehen. Gaia gab ihm ein sichelartiges Krummschwert aus Stahl. Als Uranos in der Nacht Gaia aufsuchte, packte Kronos ihn und schlug mit einem gewaltigen Hieb dem Vater die Hoden und den Penis ab. Blut troff auf die Erde und daraus erwuchsen die Erinnyen, die Göttinnen der Rache, und auch das Riesengeschlecht der Giganten mit ihren doppelten Drachenschwänzen. Die Organe des Uranos versanken im Meer. Aus dem Meeresschaum stieg Aphrodite ans Land, die Göttin der Liebe. Uranos verfluchte seinen Sohn Kronos. »So wie du dich gegen mich gewendet hast, so wirst du selbst auch durch deinen Sohn vom Thron gestürzt werden.«

Die Titanen verbanden sich untereinander. Der Tethys und dem Okeanos entsprangen die Flussgötter, Theia und Hyperion schufen den Mond und das Feuerlicht der Morgenröte und auch Helios, der den Sonnenwagen lenkte. Die Göttinnen Artemis und Hekate und der Gott Apollon stammten von Phoibe und Koios. Rheas und Kronos' Kinder waren die Göttinnen

Hestia, Demeter und Hera und die Götter Hades, Poseidon und Zeus.
Kronos war an die Stelle des Uranos getreten und herrschte über alles. Den Fluch seines Vaters hatte er nicht vergessen. Er wollte nicht durch die eigenen Nachkommen seine Macht verlieren. Jedes Mal, wenn Rhea ein Kind gebar, verschlang er es. Rhea schmerzte es über alle Maßen, dass sie die Kinder entbehren musste. Als sie nun Zeus zur Welt bringen sollte, befragte sie ihre Mutter Gaia, wie sie ihr Kind vor Kronos retten könne.
Auf den Rat der Gaia suchte sie die Insel Kreta auf. Dort wurde Zeus in aller Heimlichkeit geboren. Sie verbarg ihren kleinen Sohn in einer tiefen Höhle. Bergnymphen nahmen sich des Jungen an und nährten ihn mit Ziegenmilch und wildem Honig. Näherte sich der Höhle ein Fremder, dann machten sie einen höllischen Lärm, um das Weinen des Kindes zu übertönen. Kronos forderte auch diesen jüngsten Sohn von Rhea. Sie reichte ihm einen Stein, mit Windeln umwickelt, und er verschlang ihn.
Als Zeus herangewachsen war, begegnete ihm die Nymphe Metis. Sie wurde seine erste Liebe. Vor ihr hatte er keine Geheimnisse und er klagte ihr das Leid seiner Mutter Rhea, die sich nach ihren Kindern sehn-

te. Die Nymphe mischte einen Trank für Kronos, der einen unwiderstehlichen Brechreiz hervorrief. Dieses Mittel vermischte Rhea mit den Speisen, die sie Kronos vorsetzte. Unter Schmerzen würgte er seine Kinder wieder hervor.

Zeus hatte sich zu seinem Göttersitz den nebelverhangenen Berg des Olymp gewählt, dort, wo kein Windhauch, kein Regentropfen den stillen Frieden störte. Mit seinen Geschwistern empörte er sich gegen Kronos. Es begann ein erbitterter Krieg. Zeus befreite die Kyklopen aus dem Tartaros. Sie wurden seine Bundesgenossen. Zum Dank für ihre Befreiung schmiedeten sie für Zeus die schreckliche Waffe der Donnerkeile.

Aber die Titanen schlugen sich in der Mehrheit auf die Seite ihres Bruders Kronos. Die Schlacht dauerte Jahre und konnte nicht zu einer Entscheidung gebracht werden.

Als die Erdenmutter Gaia sah, dass Zeus den Anspruch erhob der oberste der Götter zu sein, wollte sie ihrem Sohn Kronos zum Siege verhelfen. Sie rief die Giganten herbei. Ganze Berge türmten diese Wesen auf, um den Olymp zu stürmen. Starke Beben erschütterten die Erde, Felsbrocken wurden in die Luft geschleudert und alle Wetter wüteten gegen die Olympier.

Zeus erinnerte sich daran, dass es hieß, nur die Hilfe von Sterblichen könne ihn vor der Vernichtung bewahren. Er wandte sich an seine Söhne Herakles und Dionysos. Diese eilten herbei. Gaia aber kannte ein Wunderkraut, das sie gegen die Erdensöhne einsetzen wollte. Zeus hinderte sie daran, das Kraut zu finden, und suchte selbst danach. Er bewirkte, dass kein Licht die Erde erhellte, weder Sonne noch Mond noch Sterne, bis er das Kraut gefunden hatte.

Die Giganten waren nicht von den Olympiern zu besiegen. Auch wenn der tödliche Giftpfeil des Herakles einen von ihnen traf, sank er zwar zu Boden, aber er richtete sich doch wieder auf und kämpfte weiter. Die Berührung mit der Erde schenkte ihm immer wieder neues Leben und die alten Kräfte. Schließlich schoss Herakles auf einen von ihnen. Als dieser zu Boden stürzte, umfasste Herakles den Leib des Giganten und hob ihn auf. Er trug ihn weit über die Grenzen hin. Getrennt von seiner Heimaterde starb er.

Mit dem Tod dieses Giganten neigte sich der Sieg dem Zeus zu. Die feindlichen Titanen verbannte er in die Tiefen der Unterwelt, in den Tartaros. Kronos zwang er auf eine einsame Insel zu gehen. Zeus galt von nun an als der höchste aller Unsterblichen. Mit den anderen Göttern lebte er auf dem Olymp. Nektar und

Ambrosia waren die Speisen, die ihnen ewiges Leben und die Kraft der Jugend schenkten. Aber ganz beanspruchte Zeus die Herrschaft nicht für sich allein. Seinem Bruder Poseidon übertrug er die Macht über die Meere und Hades, sein anderer Bruder, wurde der Herr der Unterwelt.

Zu vielen Frauen, zu Göttinnen und zu Sterblichen, fühlte Zeus sich hingezogen. Zahlreich waren seine Kinder. Mit Metis zeugte er die Göttin Athene, von Eurynome stammten Demeter und Persephone, aus seiner Liebe zu Memosyne gingen die neun Musen hervor, die Kinder von Leto waren Apollon und Artemis. Hermes, den Götterboten, zeugte er mit Maia.

Schließlich wurde die eigene Schwester Hera seine Gattin. Ares und Hebe zählten zu ihren Kindern. Von Heras Sohn Hephaistos, dem kunstvollen Schmied, blieb es ungewiss, ob Zeus der Vater war. Hera versuchte voller Eifersucht die Liebesabenteuer ihres Gatten zu verhindern, wann immer es ihr möglich war. Listig vermochte es Zeus jedoch, sich dann und wann ihrer Aufmerksamkeit zu entziehen und neue Liebesbande zu knüpfen.

Unangefochten blieb die Herrschaft des Zeus nicht. Einmal versuchte es sogar Hera, den Gatten in Fesseln zu legen. Sie verbündete sich mit Poseidon und Athe-

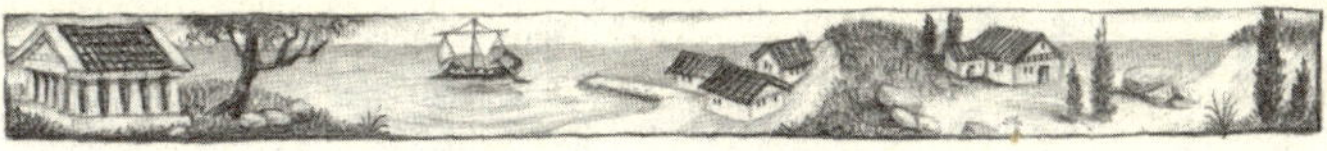

ne gegen ihn. Aber da sandte Thetis, eine andere Schwester des Zeus, ihm einen hundertarmigen Riesen zur Hilfe. Als Hera dieses Ungeheuer an der Seite von Zeus erblickte, wurde sie von Furcht gepackt und ließ von ihrem Vorhaben ab.

Wachsam beobachtete Zeus, wer sich nicht seiner Macht unterordnete. Unbarmherzig konnten dann seine Strafen sein. Die Schicksale des Titanensohns Prometheus, des Tantalos und des Sisyphos zeigen, mit welcher Härte er gegen jene vorging, die seinem Willen widerstanden.

So verstand es Zeus durch seine zahlreichen Nachkommen, durch kluges Teilen mit seinen Brüdern Poseidon und Hades und durch den Willen, seine Macht zu erhalten, seine Herrschaft über die Götter- und die Menschenwelt zu sichern.

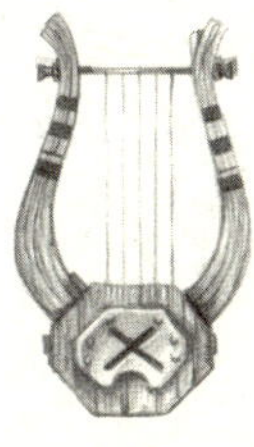

Prometheus

Zu den Titanen, die gegen Zeus gekämpft hatten, gehörte auch Japetos. Nach dem Sieg des Zeus war er in die finsterste Unterwelt, den Tartaros, verbannt worden. Aus der Verbindung von Japetos und Klymene stammten berühmte Söhne. Die bekanntesten sind Atlas, Prometheus und Epimetheus. Ihnen war von Zeus verweigert worden bei den Göttern zu leben. So wurde die Erde der Lebensraum des Prometheus.

Land, Luft und Meere waren bevölkert mit Tieren aller Art. Doch das genügte Prometheus nicht. Eines Tages formte er aus Ton Gestalten nach dem Bild der Götter. Aus dem Reich der Tiere wählte er die verschiedensten Eigenschaften, mit denen er seine Geschöpfe ausstattete. Die Göttin Pallas Athene staunte über diese kunstvollen Gebilde. Sie beugte sich über sie und schenkte ihnen durch ihren Atem den Geist. Die Menschen waren geschaffen.

Diese Wesen führten ein sehr beschränktes, dumpfes Dasein. Prometheus fühlte sich verantwortlich für sie und wurde ihr Lehrer.

Er brachte ihnen das Errichten von Häusern bei, lehrte sie Schiffe zu bauen und das Meer zu befahren, sogar Tiere vermochten sie schließlich zu zähmen und in ihren Dienst zu nehmen.

In der Erde ließ er nach Erzen suchen. Die Menschen lernten den Lauf der Gestirne zu beobachten und die Jahreszeiten voneinander zu unterscheiden, auch Buchstaben und Zahlen beherrschten sie und die Heilkunst blieb ihnen nicht fremd. Über all diese und viele andere Kenntnisse und Fertigkeiten verfügten die Menschen schließlich zur Freude ihres Lehrers Prometheus.

Zeus sah voller Verwunderung und Misstrauen, was sich da auf der Erde regte und vermehrte. Gewiss, die Menschen konnten mit der Heilkunst ihren Tod hinauszögern. Aber sterben mussten sie doch alle.

Zeus beschloss scharfe Grenzen zwischen den Göttern und den Menschen zu ziehen. Es sollte zu Mekone verfügt werden, was den Menschen und was den Göttern zukam. Prometheus wollte für die Rechte der Menschen eintreten. Von einer Forderung ließ Zeus sich allerdings nicht abbringen: Die Menschen sollten den Göttern Opfergaben bringen. Prometheus stimmte zu und ließ einen kräftigen Stier schlachten. Er teilte das Tier und bildete von den Stücken zwei Haufen.

Der eine bestand aus dem Fleisch und den Innereien,

auf den anderen warf er die Knochen und die Abfälle. Diesen ziemlich wertlosen Haufen jedoch bedeckte er mit Fett, sodass man nicht erkennen konnte, was sich darunter verbarg. Dann schnitt er den Rindermagen auf. Der war hässlich anzusehen. Er breitete ihn über das gute Fleisch. Der Haufen mit den Knochen war viel größer als der andere. Nun sprach Prometheus zu Zeus: »Oh Gewaltiger, wähle, welchen Teil du von den Menschen forderst, und sie werden dir in Zukunft das Opfer bringen.«
Zeus durchschaute zwar die List des Prometheus, doch er zeigte auf den größeren Haufen. Als das Fett beiseite gescharrt war, kamen die Knochen zum Vorschein. Seitdem opferten die Menschen den Göttern das Fett und die Knochen der Tiere, das Fleisch aber und die Innereien behielten sie für sich.
Zeus bestrafte die Geschöpfe des Prometheus für den Täuschungsversuch ihres Lehrmeisters, indem er ihnen das Feuer verweigerte. Wie aber sollten sie das Fleisch zubereiten, wie die Ziegel für ihre Häuser brennen und das Erz schmelzen, wie die Kälte des Winters aus ihren Häusern bannen? Prometheus überlegte lange, wie er den Mangel beheben könne. Schließlich suchte er den Sohn der Göttin Hera, Hephaistos, auf. Der war ja der Gott des Feuers.

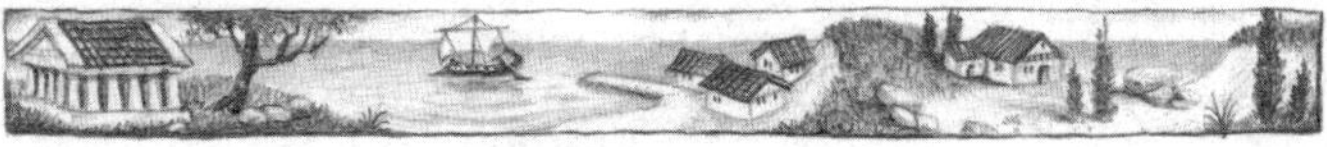

Heimlich verbarg er einen glimmenden Docht in dem hohlen Rohr einer Schilfpflanze. Er fuhr zur Erde nieder und schenkte den Menschen die Wohltat des Feuers.

Zeus sah voll Ingrimm die Flammen überall bei den Menschen aufleuchten. Er sann auf Rache und wies Hephaistos an das Standbild einer Frau zu schmieden, so schön, wie er es nur vermochte. Ihr Name sollte Pandora sein.

Pallas Athene, die einst den Menschen den Geist eingehaucht hatte, bereute inzwischen, was sie getan hatte. Sie bekleidete Pandora mit kostbaren Gewändern, sodass sie verlockend aussah. Zeus reichte ihr eine Büchse, aus Elfenbein geschnitzt und mit Goldeinlagen verziert. Diese sollte sie den Menschen als Geschenk der Götter überreichen.

Pandora suchte zunächst Epimetheus auf. Prometheus hatte seinen Bruder gewarnt. Niemals dürfe er ein Geschenk der Götter annehmen. Von ihnen sei nichts Gutes zu erwarten. Epimetheus aber ließ sich von der schönen Frau und der glänzenden Gabe blenden, nahm die Büchse und öffnete sie. Sie barg alle Übel des Menschengeschlechtes, die man sich nur denken kann. Erst als dieses Rachegeschenk des Zeus an die Menschen aus der Büchse herausgequollen war, schlug Pandora den

Deckel zu. Eine einzige Gabe blieb in dem Gefäß verschlossen. Das war die Hoffnung.
Zeus wollte Prometheus hart für seinen Betrug bestrafen. Er wies Hephaistos an den Titanensohn von seinen Dienern ergreifen zu lassen. Hephaistos sollte eine Kette aus Eisengliedern schmieden. In diese Fessel wurde nach dem Willen von Zeus der geschlagen, der sich erdreistet hatte die Götter hinters Licht zu führen. An eine Felswand im Kaukasusgebirge wurde Prometheus angekettet. Er konnte sich kaum regen und war nicht einmal in der Lage, sich niederzuhocken. Dort sollte er stehen bis in alle Ewigkeit.
Hephaistos hatte Mitleid mit Prometheus. Er riet ihm die Gnade des Göttervaters zu erflehen. Stattdessen machte Prometheus dem Zeus eine düstere Voraussage. Unglück werde über Zeus kommen, wenn er zum zweiten Mal heirate. Prometheus wollte weder diese Drohung näher erklären noch den Rücken vor Zeus beugen.
Da sandte Zeus seinen Adler aus. Jeden Tag kam der Vogel, riss mit seinen scharfen Krallen den Leib des Prometheus auf und hackte mit dem Schnabel ein Stück aus seiner Leber. In der Nacht aber wuchs die Leber nach und die Qual begann am Morgen aufs Neue.
»Soll diese Folter denn niemals enden?«, schrie Pro-

metheus. Hephaistos ließ ihm eine Antwort zukommen und sagte: »Wenn es ein Wesen gibt, dass sich statt deiner anketten lässt, dann bist du erlöst.«
»Wer wird sich schon freiwillig in meine Fesseln begeben?«, fragte Prometheus. »Aber ehe ich Zeus zu Willen bin, will ich mein Schicksal tragen.«
Viele Jahre später kam Herakles an dem Kaukasusfelsen vorbei. Voll Schauder sah er den Adler, der von der Leber des unglücklichen Prometheus fraß. Er legte einen Pfeil auf seinen Bogen und schoss das Tier nieder. Der Kentaure Chiron erklärte sich bereit sich an Prometheus' Stelle anketten zu lassen. Herakles befreite Prometheus. Hephaistos schmiedete ihm einen eisernen Fingerring, in den er ein Steinchen aus dem Felsen einpasste. Zeus konnte so sein Gesicht wahren und damit prahlen, dass Prometheus, wie er es gewollt habe, auf ewig an den Felsen gefesselt sei.

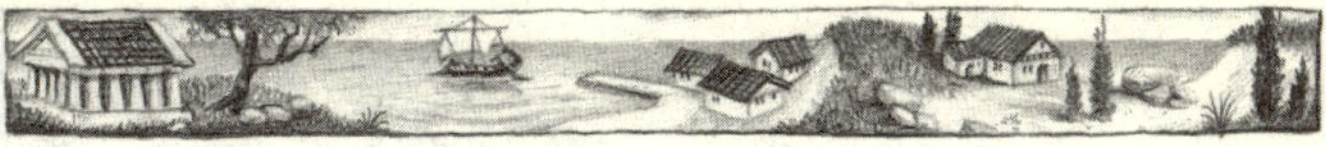

Tantalos

Tantalos wurde als Sohn des Zeus und einer sterblichen Mutter geboren. Zeus war seinem Sohn zugetan und überhäufte ihn mit Geschenken. Auch machte er ihn zum Herrscher über Lydien. In der Gegend fand sich in den Sipylosbergen und in den Flüssen viel Gold. Tantalos wurde reich und mächtig. Die größte Gunst aber, die er von Zeus erfuhr, wurde nur wenigen Sterblichen zuteil. Ihm war es erlaubt, im Olymp mit den Göttern gemeinsam zu Tisch zu sitzen und mit ihnen zu speisen. Dort hörte er mancherlei Geheimnisse der Unsterblichen. Ja, sie teilten sogar mit Tantalos Nektar und Ambrosia, jene Speise, die die Unsterblichkeit verleiht.

Tantalos dankte es ihnen nicht. Eines Tages kam ein Dieb zu ihm und zeigte ihm einen goldenen Hund, den er aus dem Tempel des Zeus entwendet hatte. Tantalos wusste genau, woher diese Kostbarkeit stammte, und doch erklärte er sich bereit das Diebesgut aufzubewahren. Als später der Dieb den goldenen Hund zurückforderte, schwor Tantalos einen Meineid. Er wisse davon nichts und habe nie einen Hund aus dem Tempel bekommen.

Auch prahlte er mit dem, was er beim Göttermahl gehört hatte und was den Menschen verborgen bleiben sollte. Als er sich sogar erdreistete Nektar und Ambrosia heimlich mitzunehmen und seine Freunde davon kosten zu lassen, wurden die Götter ungehalten. Um sie zu versöhnen, lud Tantalos sie in seinen Palast ein und wollte für sie ein Fest mit einem köstlichen Mahl veranstalten. Sie kamen alle.

Tantalos aber hatte vor sie auf die Probe zu stellen. Waren sie auch außerhalb des Olymp allwissend? Er dachte sich etwas Grausiges aus. Sein Sohn Pelops war noch ein Knabe. Ihn ließ er schlachten und die Körperteile in einem Kessel kochen. Das Fleisch setzte er den Göttern vor. Würden sie erkennen, was er getan hatte?

Keiner der Götter nahm von dieser Speise. Nur Demeter, voller Trauer und Verzweiflung und halb betäubt darüber, dass Hades, der Gott der Unterwelt, ihre Tochter Persephone geraubt hatte, griff zu. Die Empörung der Götter über Tantalos' Untat war groß. Sie wandten sich von ihm ab. Hermes aber rief den Pelops wieder ins Leben zurück. Dem Kessel entstieg der Knabe, schöner, als er zuvor gewesen war. Demeter formte aus Elfenbein ein Schulterblatt und schloss so die Wunde, die entstanden war, als sie von dem

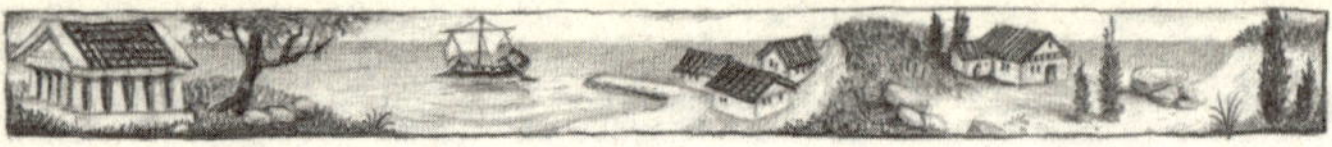

Fleisch gegessen hatte. Diese Stelle an Pelops' Leib schimmerte von da an weiß. Seine Kinder erbten später diesen elfenbeinernen Fleck.

Das Maß der Frevel, die Tantalos verübt hatte, war nun voll. Was von seinen bösen Taten den größten Zorn der Götter hervorgerufen hatte, weiß niemand. Jedenfalls traf ihn die härteste Strafe, die je verhängt worden war. In der finstersten Unterwelt, im Tartaros, musste Tantalos in einem See aufrecht stehen. Das Wasser reichte ihm bis ans Kinn und doch vermochte er keinen Tropfen zu trinken, so groß sein Durst auch sein mochte. Jedes Mal, wenn er seinen Kopf neigte, senkte sich der Wasserspiegel und blieb für ihn unerreichbar. Ähnlich erging es ihm, wenn der Hunger ihn plagte. Bäume mit köstlichen Früchten senkten ihre Zweige bis vor seinen Mund. Wollte er jedoch nach ihnen greifen, schnellten sie zurück. Nie sollte diese Qual ein Ende haben, nie, weil er sich ja die Unsterblichkeit erschlichen hatte.

Pelops

Als Pelops von Hermes wieder zum Leben erweckt worden war, gefiel der Junge dem Meeresgott Poseidon so sehr, dass er ihn zu sich nahm. Pelops wurde sein Liebling. Die Zeit ging ins Land und aus dem Knaben wurde ein junger Mann. Er erbte den Reichtum seines Vaters Tantalos und die große Halbinsel, die später nach ihm Peloponnes genannt wurde. Es gelang ihm, die vielen Stämme, die rundum lebten, zu vereinen. Die Halbinsel war nur durch eine schmale Landzunge bei der Stadt Korinth mit dem Festland verbunden.

Weit im Westen herrschte der König Oinomaos. Sein Vater war der Gott Ares. Der hatte dem Oinomaos ein Pferdegespann geschenkt, wie es kein schnelleres auf der Welt gab. Auch wählte sich der König einen hervorragenden Rosselenker, Myrtilos mit Namen. Der war ein Sohn des Götterboten Hermes.

Oinomaos hatte eine sehr schöne Tochter. Sie hieß Hippodameia und war eine von vielen Männern begehrte junge Frau. Auch Myrtilos war ihr in heimlicher Leidenschaft zugetan. Oinomaos aber war selbst so vernarrt in sein Kind, dass er sie keinem der Bewerber zur Gattin geben wollte. Er fürchtete überdies einen Orakelspruch, der ihm gesagt worden war. Nach diesem sollte der König durch seinen Schwiegersohn den Tod finden.

Oinomaos hatte sich eine List ausgedacht, wie er sich der Freier entledigen konnte. »Jeder, der meine Tochter heiraten will, muss gegen mich ein Wagenrennen gewinnen.«

Diese Botschaft wurde im ganzen Land verbreitet. Der Weg war genau von ihm festgelegt worden. Das Ziel sollte der Poseidontempel an der Landbrücke bei Korinth sein. Siegessicher und scheinbar großzügig bot Oinomaos an, wer auch immer den Wettkampf wage, der solle einen nicht unbeträchtlichen Vorsprung eingeräumt bekommen. Er selbst wolle erst nach dem Start des Freiers dem Gott ein Opfer bringen, bevor seine eigenen Rosse losrennen durften. Hippodameia dürfe der, der sie zu heiraten wünsche, mit sich auf den Wagen nehmen. Wenn es dem mutigen Freier gelinge, das Land des Oinomaos zu verlassen, bevor das Gespann des Königs ihn eingeholt habe, dann falle ihm seine Tochter als Braut zu. Außerdem schenke er ihm als Hochzeitsgabe die Hälfte seines Reiches. Wenn jedoch er, Oinomaos, den Bewerber einholen könne, dann werde er ihm seinen Speer in den Rücken stoßen und ihn töten.

Auf diese Bedingungen waren schon zwölf junge Männer eingegangen und hatten ihr Leben verloren.
Als Pelops von Poseidon zu den Menschen zurückkehrte, hörte er von der schönen Hippodameia. Übermächtig wuchs der Wunsch in ihm, sie zur Frau zu gewinnen. Er begab sich zum Palast des Oinomaos. Der hatte die jungen Männer, die sich auf das Wagenrennen schon vor ihm eingelassen hatten, nicht nur umgebracht, sondern auch zur Abschreckung weiterer Freier die Köpfe der Toten vor seinem Palast auf Lanzen gespießt und aufgestellt.
Auf diese entsetzliche Weise gewarnt, begab sich Pelops zum Meeresstrand und flehte Poseidon um Hilfe an. In einer aufschäumenden Welle wurde ein goldener Wagen ans Ufer gespült. Geflügelte Pferde waren davor gespannt.
Pelops erprobte das Gefährt. Flüsse und Meere bildeten für ihn kein Hindernis mehr; denn das Gespann erhob sich in die Lüfte und brachte Pelops sicher wieder ans Land.
Nun wagte er es, sich im Wagenrennen mit Oinomaos zu messen. Weil er jedoch wusste, dass der Kriegsgott Ares dem König Rosse und Wagen geschenkt hatte, war er sich seines Sieges trotz der geflügelten Rosse nicht gewiss. Er traf sich heimlich mit dem Wagenlen-

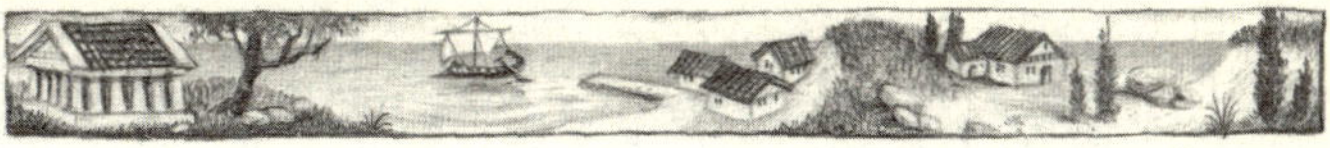

ker des Königs, Myrtilos. Pelops bot ihm die Hälfte seines Gewinns an, wenn er einen Weg fände, Oinomaos um den Sieg zu bringen.

Myrtilos wies einen solchen Verrat an seinem König weit von sich. Pelops aber hatte von dem Gerücht gehört, dass der Rosselenker selbst gern Hippodameia für sich gewonnen hätte. Er versuchte deshalb eine andere Bestechung. »Wenn du mir hilfst die Königstochter zu gewinnen, dann soll sie dir für eine Nacht gehören.«

Die Gier des Myrtilos nach Hippodameia war so groß, dass er auf dieses Angebot einging. Er entfernte die eisernen Splinte, mit denen die Räder an den Achsen des Wagens befestigt waren, und ersetzte sie durch Splinte aus Hartwachs.

Oinomaos ließ Pelops losfahren und brachte in aller Ruhe sein Opfer dar. Dann jagte er dem Gespann des Poseidon nach. Die Achsen erwärmten sich von der rasenden Fahrt und das Wachs schmolz. In einer Biegung des Weges lösten sich die Räder von den Achsen. Myrtilos rettete sich durch einen Sprung von dem schlingernden Wagen. Oinomaos aber wurde zu Tode geschleift.

Hippodameia wünschte sich mit Pelops über das Meer zu fahren. Myrtilos begleitete sie. Während der Rast

auf einer Insel forderte Myrtilos ein, was Pelops ihm zugesichert hatte. »Nur Geduld«, vertröstete Pelops ihn. »Noch ist die Nacht ja nicht hereingebrochen.« Sie fuhren weiter. Das Gespann erhob sich hoch über den Meeresspiegel. Da stieß Pelops den Wagenlenker in die Tiefe.
Myrtilos verfluchte Pelops und sein ganzes Geschlecht. Er rief seinen Vater, den Gott Hermes, zum Zeugen der Freveltat an. Hermes ließ Myrtilos nicht in den Tod fallen. Er rettete ihn und nahm ihn bei den Göttern auf. Am Himmel kann man in klaren Nächten sein Sternbild, den Großen Wagen, leuchten sehen.
Zu derselben Stunde traf Zeus mit einem Blitzschlag den Palast des Oinomaos und in einem gewaltigen Brand sank das Gebäude in Schutt und Asche. In der Nähe dieses Ortes ließ Pelops zum Andenken an seinen Sieg über Oinomaos eine Rennbahn bauen. Hier fanden alle vier Jahre große Wettkämpfe der griechischen Stämme statt, die Olympischen Spiele.
Der Fluch des Myrtilos aber sollte sich auf schreckliche Weise an Pelops' Kindern erfüllen.

Sisyphos

Der pfiffigste Schlaukopf, den Griechenland je hervorgebracht hat, war Sisyphos. Er lebte in dem kleinen Ort Ephyra nahe bei der späteren Stadt Korinth, die er selbst gegründet hat. Lange schon hatte er den Plan erwogen, auf einem günstig gelegenen Felsen eine Burg zu bauen. Zu deren Fuß sollte dann die neue Stadt entstehen. Oft saß er auf dem Gipfel des Felsens und überlegte, wie er sein Vorhaben verwirklichen könnte. Es gab kaum einen Platz auf der Welt, von dem aus alle Wege und Straßen der ganzen Gegend so gut beobachtet werden konnten wie von diesem Felsen aus. Auch schien Sisyphos eine Burg uneinnehmbar, die an dieser schwer zugänglichen Stelle lag. Der Nachteil war nur, es gab dort oben kein Wasser. Jedem feindlichen Heer wäre es ein Leichtes gewesen, die Feste zu belagern. Der Durst hätte selbst die tapfersten Verteidiger bereits nach kurzer Zeit besiegt.
Eines Tages beobachtete Sisyphos, wie Zeus, der oberste der Götter, Aigina, die Tochter des Flussgottes Asopos raubte. Aber er verriet niemand etwas von dieser Freveltat. Auf der Suche nach seiner Tochter kam Asopos auch zu Sisyphos.

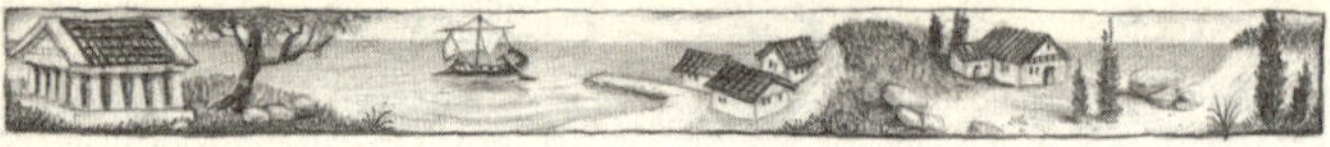

Der sagte zu Asopos: »Ich kann dir helfen. Aber nur, wenn du auf jenem Fels dort hoch oben eine Wasserquelle sprudeln lässt, sage ich dir, was ich weiß.«
Asopos antwortete: »Steige hinauf und wirf einen Stein in den Brunnen, den du dort vorfindest.«
Sisyphos war misstrauisch, bestieg den Felsen und entdeckte den Brunnen. Er warf einen Stein hinab und hörte das Wasser aufspritzen. Daraufhin verriet er Asopos, was er gesehen hatte.
Zeus wurde zornig und wollte Sisyphos dafür bestrafen, dass er ausgeplaudert hatte, was mit Aigina geschehen war. Er sandte Thanatos aus, den Boten aus der Unterwelt, der den Tod bringt. Aber auch dessen Herannahen sah Sisyphos vom Berge aus. Es gelang ihm, Thanatos zu überlisten und ihn in Fesseln zu schlagen. Seit dieser Zeit starb auf der ganzen Welt kein einziger Mensch. Ares, der Gott des Krieges, wurde von Zeus geschickt. Er sollte den Todesboten befreien. Dem mächtigen Gott konnte Sisyphos nicht widerstehen. Thanatos fasste Sisyphos bei der Hand und wollte ihn in die Unterwelt geleiten. Sisyphos aber äußerte einen letzten Wunsch. Er bat: »Gewähre mir noch eine Gunst, du Bote der Unterwelt, bevor ich die Erde für immer verlassen muss. Gönne mir ein Wort des Abschieds zu meiner Frau Merope.« Das

mochte Thanatos ihm nicht abschlagen und er nickte zustimmend. Sisyphos flüsterte seiner Frau zu: »Wenn du mich retten willst, bringe kein Totenopfer für mich.« Sisyphos wurde davongeführt und Charon, der Fährmann, brachte ihn über den Styx in das Reich der Toten.

Hades und seine Frau Persephone, das Herrscherpaar der Unterwelt, wunderten sich, dass die Frau des Sisyphos das vorgeschriebene Opfer verweigerte. Solange das Totenopfer nicht gebracht wurde, hatten sie nicht die letzte Gewalt über Sisyphos. Der jedoch schwieg beharrlich auf ihre Fragen. Als er bemerkte, dass Persephone allmählich ungeduldig wurde, machte er ihr einen Vorschlag: »Oh, du gewaltige Göttin,« sagte er, »entlasse mich für eine Weile aus dem Totenreich. Ich will meine Frau dazu bringen, das Opfer nicht länger zu verweigern.«

Persephone fiel nichts ein, wie sie diese verzwickte Angelegenheit auf andere Weise regeln konnte, und sie ließ ihn ziehen. Sisyphos aber dachte nicht daran, in das Reich der Schatten zurückzukehren. Er hatte den Tod ein zweites Mal überlistet und trieb seinen Spott mit der Einfalt der Götter. Im Lande verbreitete sich die Kunde von dem Sterblichen, der sogar dem Gott Hades seine Beute entrissen hatte. Nichts jedoch

erzürnte die Götter mehr, als wenn Menschen über sie lachten. Zeus sann auf Rache gegen Sisyphos.
Nun lebte damals Antolykos, ein Sohn des Hermes, der als Gott der Diebe bekannt war. Von seinem Vater hatte Antolykos alles gelernt, was einen gewitzten Dieb ausmachte. Er wurde bald der Meisterdieb genannt. Antolykos vermochte alles unsichtbar zu machen, was er mit seiner Hand berührte, und wenn er es wollte, konnte er Schwarz als Weiß erscheinen lassen. Er war so geschickt, dass er selbst Ziegen die Hörner stahl und sie anderen Tieren einpflanzte, ohne dass sie etwas davon bemerkten.
Auch Antolykos hörte von dem schlauen Sisyphos und forderte ihn zu einem Wettkampf heraus. »Niemals kannst du mir nachweisen, dass ich einen Diebstahl an deinem Eigentum begangen habe«, prahlte er. In der Zeit darauf raubte er immer wieder Tiere aus den Herden des Sisyphos. Nie jedoch wurde der Dieb erwischt. Da kam Sisyphos auf den Gedanken, in die Hufe der Rinder die Anfangsbuchstaben seines Namens zu brennen. Doch Antolykos sah das sofort. Es fiel dem, der alles verändern konnte, nicht schwer, die Buchstaben zu löschen. Darauf goss Sisyphos mit Blei Buchstaben in die Ritzen der Hufe. »Gestohlen von Antolykos« konnte man daraus lesen. Diese Botschaft

übersah der Meisterdieb. Er musste wohl oder übel dem Sisyphos den Sieg zuerkennen. Statt beleidigt davonzuziehen, bot er Sisyphos seine Freundschaft an. Diese wurde im Haus des Antolykos mit einem Festmahl besiegelt.

Als nach üppigem Essen und reichlichem Trank die meisten in Schlaf gesunken waren, schlich sich Sisyphos in das Schlafgemach von Antikleia, der Tochter des Antolykos. In dieser Nacht wurde ein Kind gezeugt, das später ein großer Held werden sollte. Aus diesem Erbe des Meisterdiebs und des schlauen Sisyphos erwuchs einer der listigsten aller Griechen, nämlich Odysseus.

Oft wird auch Laertes für den Vater des Odysseus gehalten. Doch der heiratete Antikleia, als sie bereits schwanger war.

Sisyphos wurde sehr alt. Aber als einer der Sterblichen konnte er dem Tod nicht für immer entfliehen. Die Götter hatten seine Untaten nicht vergessen und Zeus bestrafte ihn auf eine schreckliche Weise. In der Unterwelt musste er einen schweren Marmorblock bis zum Gipfel eines Berges wälzen. Seine ganze Kraft war dazu nötig. Jedes Mal jedoch, wenn er vor Erschöpfung zitternd und von Schweiß überströmt oben angelangt war, rollte der Block wieder ins Tal. Und

aufs Neue begann Sisyphos seine sinnlose Arbeit, Tag um Tag, Jahr um Jahr, wieder und wieder, immerfort. So rächten sich die Götter an dem übermütigen Menschen, der versucht hatte die Unsterblichen zu narren und dem Tod zu entrinnen.

Europa

Im Land Phoinikien ereignete sich zur Zeit des Königs Agenor eine merkwürdige Geschichte. Die Königstochter Europa träumte eines Nachts, dass zwei Erdteile in menschlicher Gestalt an ihr Bett traten und sich um sie stritten. Asien hieß der eine. Den Namen des anderen kannte sie nicht. Asien sagte: »Europa ist bei mir in Asien geboren und aufgewachsen. Sie gehört hierher und sonst nirgendwo hin.« Der andere Erdteil stritt hart mit Asien und rief: »Wo kämen wir denn hin, wenn jeder in dem Nest, in dem er geboren wird, hocken bleibt? Selbst die Vögel ziehen davon, wenn sie flügge geworden sind.«

Der Streit ging hin und her. Plötzlich nahm der für Europa fremde Erdteil das Mädchen und entführte sie. »Eine Königin wirst du werden«, flüsterte er ihr zu. »Viele Länder werden nach deinem Namen benannt werden.« Dann zerflatterten die Traumbilder.

Europa erwachte und sann nach über diesen seltsamen Traum. Wer nur hat mir diese Bilder geschickt, dachte sie, und was mögen sie bedeuten? Doch sie vergaß das Traumgespinst auch wieder.

Mit ihren Freundinnen und den Dienerinnen wollte

Europa eines Nachmittags zu einer Wiese am Meeresstrand gehen. Dort wuchsen besonders schöne Blumen dicht bei dicht. Die Mädchen begannen davon zu pflücken und wollten sich Kränze binden. Sie fanden so viele Blüten, dass ihre Hände sie kaum noch fassen konnten. Europa sammelte nur rote Rosen. Im Kreis saßen sie schließlich beieinander, sangen und erzählten Geschichten und die Blumenkränze wuchsen unter ihren geschickten Fingern.
Vom Olymp herab fiel der Blick des Gottes Zeus auf die schöne Europa. Leidenschaft flammte in seinem Herzen auf. Gern hätte er das Mädchen für sich gewonnen. Aber er fürchtete die Eifersucht und den Zorn seiner Gattin Hera, wenn er sich Europa nähern würde.
Doch Liebe macht erfinderisch. Er wies seinen Sohn Hermes an, einige Rinder aus der Herde von Agenor aus dem Bergland zu den Mädchen an den Strand zu treiben. Kaum war Hermes davongeeilt, um den Befehl seines Vaters auszuführen, verwandelte sich Zeus in einen Stier. Aber das war kein Arbeitsstier wie tausend andere, nein, es war der wundervollste Stier, den die Erde je getragen hatte. Sein Fell war glatt und glänzte wie Gold, die breite Stirn zeigte einen schneeweißen Fleck und es sah aus, als ob er sich mit einem

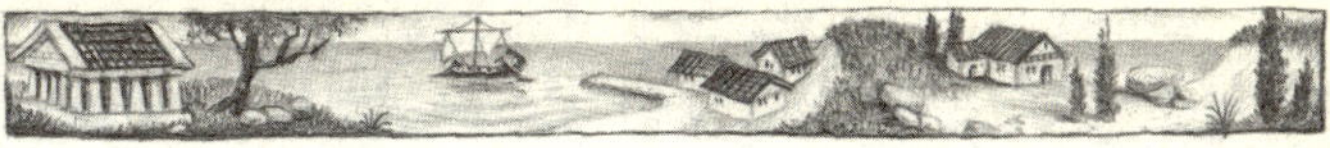

Diadem geschmückt hätte. Und erst die Hörner! Völlig gleichmäßig waren sie gewachsen und glichen der Farbe von edlem Bernstein.

Zeus gesellte sich zu den Rindern, die Hermes auf die Wiese genau zu dem Platz trieb, an dem die Mädchen saßen. Die Tiere verharrten in einigem Abstand und begannen friedlich zu grasen.

Nur der herrliche Stier kam langsam näher. Zuerst wichen die Mädchen ein paar Schritte zurück, doch das Tier hatte nichts Bedrohliches an sich, ja, es trieb vor den Augen der Mädchen allerlei Scherze, drehte sich im Kreise, machte lustige Sprünge und schien einen Tanz zu versuchen. Europa näherte sich als Erste dem zutraulichen Stier, kraulte ihm das weiche Fell und fütterte ihn mit saftigen Kräutern. Dankbar leckte der Stier ihr die Hand. Über seine Hörner hängte Europa ihm ihren Kranz aus Rosen. »Er sieht aus wie der König der Stiere«, rief sie ihren Gefährtinnen zu und sie küsste seinen weißen Fleck auf der Stirn.

Da sank der Stier vor ihr in die Knie. »Lasst uns auf seinem Rücken reiten«, schlug Europa vor. »Dort ist Platz für wenigstens vier von uns.«

Übermütig schwang sie sich auf den Stierrücken. Doch schnell richtete sich das Tier auf, und ohne auf ein anderes Mädchen zu warten, trabte er los, lief immer schneller und rannte in das Meer hinein. Der Stier schwamm weit hinaus, immer weiter und achtete nicht auf Europas Weinen und Flehen, sie doch zurückzutragen. Das Mädchen klammerte sich an den Hörnern fest. Die Küste war schon nicht mehr zu sehen. Der Tag neigte sich, es brach die Nacht herein, doch der Stier ermüdete nicht. Europa wusste nicht, wie weit er schon mit ihr geschwommen war, als im Morgengrauen endlich wieder Land am Horizont auftauchte.

An der Küste Kretas stieg das Tier ans Ufer, beugte seinen kräftigen Nacken und ließ Europa absteigen. Dann verschwand der Stier im Morgendunst. Verlassen stand das Mädchen am Strand und schrie seinen Jammer weit über das Meer hin. Niemand hörte Europas Stimme. Sie sank zu Boden und war bereit zu sterben.

Da trat aus dem nahen Wald ein junger Mann hervor. »Fürchte dich nicht vor mir«, sagte er, »ich bin der Herrscher über diese schöne Insel. Ich werde dir Schutz gewähren.«

Es blieb jedoch nicht allein bei dem versprochenen Schutz, der junge Mann bedrängte sie seine Frau zu werden. In ihrer Angst stimmte Europa zu. Der Mann aber war kein anderer als Zeus selbst. Es dauerte nicht

lange, dann verschwand er genau wie der Stier und Europa war einsamer als zuvor.
Sie stieg auf eine steile Klippe über dem Meer und war so verzweifelt, dass sie sich in den Tod stürzen wollte. Doch da hörte sie hinter sich ein leises Lachen. Sie schaute sich um. Ihr Blick traf auf eine Frau, eine göttliche Erscheinung, prächtig anzuschauen. Sie hatte einen kleinen Jungen bei sich, der Pfeil und Bogen trug. Europa ahnte, dass Aphrodite, die Göttin der Liebe, vor ihr stand.
»Lass das Weinen«, sprach die Göttin. »Zeus selbst war es, der dir in dem Stier und in der Gestalt des jungen Mannes erschienen ist. Du wirst einen Sohn von ihm zur Welt bringen. Sein Name soll Minos sein. Du, Europa, und Minos, der Zeussohn, werden über die Insel Kreta herrschen. Der ganze Erdteil, zu dem diese Insel gehört, wird deinen Namen tragen und Europa heißen.«
Nun fiel Europa wieder ein, was sie in dem Palast ihres Vaters geträumt hatte, und sie erkannte die Bedeutung des Traums.
König Agenor hatte indessen in seiner Stadt Tyrus und auch in Sidon und in allen anderen Städten und Dörfern seines Landes nach Europa suchen lassen. Doch sie blieb verschwunden. Da sandte er seinen

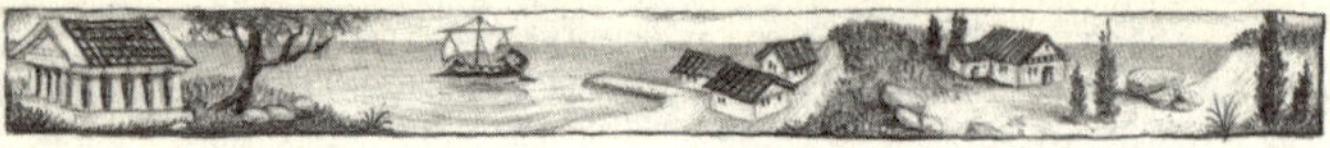

Sohn Kadmos aus und befahl ihm: »Finde deine Schwester Europa. Tritt mir erst wieder unter die Augen, wenn du mir meine Tochter zurückbringen kannst.«
Kadmos forschte in vielen Ländern, fand aber keine Spur von Europa. Er wagte sich nicht ohne das Mädchen nach Tyrus zurück. Im fernen Griechenland, weit weg von Phoinikien, ließ er sich nieder. Er kam zu hohem Ansehen und großer Macht. Ihm ist der Bau der berühmten Stadt Theben zu verdanken.
Für Europa aber erfüllte sich alles, was Aphrodite ihr verheißen hatte. So wurde Kreta die Wiege Europas.

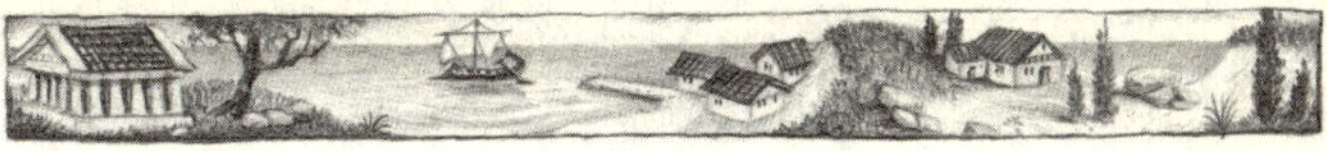

Daidalos und Ikaros

Daidalos stammte aus einem vornehmen Geschlecht und lebte in der Stadt Athen. Sein Urgroßvater Erechtheus war sogar König des Stadtstaates gewesen. Viele Gaben und Talente waren Daidalos in die Wiege gelegt worden. Man wusste nicht, was man mehr an ihm rühmen sollte, seine Bildhauerkunst, seinen Erfindergeist oder die Bauwerke, die er schuf. Von seinen Standbildern sagte man, sie seien ein Ebenbild der Götter und es fehle ihnen lediglich der Atem des Lebens.

Die große Anerkennung und das Lob, mit dem er von allen Seiten überschüttet wurde, machten ihn eitel und überheblich. Schließlich glaubte er von sich, er sei der Größte weit und breit und keiner könne sich mit ihm messen.

Eines Tages bat ihn seine Schwester ihren Sohn Talos zu sich in die Lehre zu nehmen. Daidalos mochte ihr die Bitte nicht abschlagen und nahm den Neffen in sein Haus auf. Zunächst aber beachtete er ihn nicht.

Als Talos aber nach einiger Zeit zu Daidalos kam und ihm eine seiner Erfindungen zeigte, wurde er auf den Jungen aufmerksam. Talos hatte den Kieferknochen einer Schlange gefunden, in dem sich noch die scharfen Zähne befanden. Nach diesem Muster formte der Junge aus einem dünnen Eisenblatt ein Werkzeug. Mit dessen Zacken konnte er ohne Mühe einen Ast durchschneiden. Die Säge war erfunden.

Daidalos war begeistert. Auch lobte er Talos, als dieser ihm ein Instrument vorführte, mit dem ganz einfach vollkommene Kreise geschlagen werden konnten. Der Zirkel wurde seitdem eine unverzichtbare Hilfe vieler Menschen.

Als Talos schon einige Zeit bei Daidalos war, hatte er sich ein merkwürdiges Gebilde ausgedacht. Es sah aus, als ob eine Achse mit zwei steinernen Radscheiben hochgestellt worden war. Den unteren Stein brachte Talos mit seinen Füßen in Schwung, der obere Rundstein drehte sich gleichmäßig mit.

»Was soll das?«, fragte Daidalos ihn.

Statt einer Anwort warf Talos einen Klumpen Ton auf den oberen Stein. Während er ihn kreisen ließ, wuchs ihm unter den Händen ein völlig ebenmäßiges Gefäß, wie es kein Töpfer im Land auf die herkömmliche Weise herstellen konnte.

»Eine Töpferscheibe«, sagte Daidalos und bewunderte den Einfallsreichtum seines Neffen.

Es sprach sich bald in der ganzen Gegend herum, was

für ein pfiffiger junger Mann da in Daidalos' Haus heranwuchs. Daidalos, der anfangs noch stolz auf seinen Neffen gewesen war, begann neidisch auf ihn zu werden. Sollte Talos als Erfinder das Licht seines Meisters überstrahlen? Wollte der Lehrling berühmter werden als sein Meister? Finstere Gedanken brüteten in seinem Kopf. Schließlich beschloss er Talos aus der Welt zu schaffen. Er führte ihn auf eine hohe Zinne der Burg und stieß ihn in die Tiefe.

Die Göttin Athene jedoch hatte Gefallen an dem klugen Talos gefunden; denn sie liebte es, wenn die Menschen ihren Verstand gebrauchten. Sie verhinderte, dass Talos an den Felsen zerschmettert wurde, und verwandelte den Jungen in ein Rebhuhn. Mit einem lauten Kirrith, Kirrith schwirrte das Rebhuhn davon. Sein Geschrei klang Daidalos unheilvoll in den Ohren.

Mag sein, dass jemand die Untat beobachtet hatte, mag sein, dass das plötzliche Verschwinden des Talos Verdacht aufkommen ließ, jedenfalls wurde Daidalos des Mordes angeklagt.

Die schlimmste Strafe, die einen Athener treffen konnte, war die Verbannung aus der Stadt und der Heimat. Genau dieses Urteil wurde über Daidalos verhängt. Ziellos irrte er im Land umher. Sein Sohn

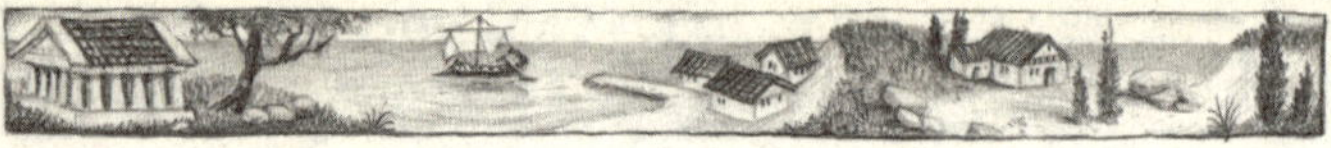

Ikaros begleitete ihn. Schließlich segelten sie übers Meer und gelangten nach Kreta.

Minos war der König der Insel. Er lebte in der Stadt Knossos. Der Vater des Minos war Zeus, der Herrscher über alle Götter, und seine Mutter eine Königstochter mit Namen Europa. Zeus wurde von Minos besonders verehrt. Aber auch Poseidon, der Gott der Gewässer, der mit seinem Meer ja ganz Kreta umschlungen hielt, forderte Opfergaben von Minos. Er verlangte, dass ihm ein makelloser weißer Stier dargebracht werde.

Nun besaß Minos zwar ein einziges solches Tier, aber das wollte er nicht hingeben. Stattdessen ließ er einen anderen Stier opfern.

Poseidon durchschaute, dass Minos ihn hintergangen hatte. Er sann auf Rache und verwirrte die Gedanken und Gefühle von Minos' Frau Pasiphaë. Sie entbrannte in heißer Liebe zu dem schönen Stier und wollte ein Kind mit diesem Tier bekommen.

Gerade zu dieser Zeit gelangte Daidalos nach Kreta. Er erfuhr von dem sonderbaren Begehren der Königin und bot sich an ihr zu helfen. Listig ersann er eine hölzerne Kuh. Mit seiner Kunst, Standbilder zu machen, die wie lebendige Wesen aussahen, hatte er schon viele getäuscht.

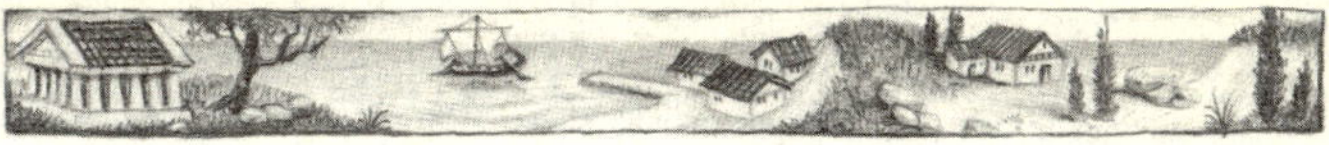

Der Stier jedenfalls glaubte eine wirkliche Kuh vor sich zu haben. In dem hohlen Leib der Kuh jedoch hatte sich die Frau des Königs verborgen. Der Stier zeugte auf diese Weise mit Pasiphaë neues Leben.

Doch als das Wesen aus Mensch und Tier geboren war, wandten sich alle in Kreta mit Grausen ab. Der Kopf war zwar der eines Stiers, aber der Körper glich einem Menschen. Das Untier erhielt den Namen Minotauros. Dieser versetzte ganz Kreta in Angst und Schrecken; denn er fiel über Menschen her und fraß sie auf.

Minos wollte einem Aufstand der Kreter zuvorkommen. Er plante einen Krieg, um Gefangene zu machen, die er dem Minotauros vorwerfen lassen wollte. Gegen Athen führte er seine Krieger. Doch die Athener wehrten sich nach Kräften. Es gelang ihnen unter der Führung des Königssohns Theseus, die Angreifer zurückzuschlagen.

Minos flehte seinen Vater Zeus um Hilfe an. Der schickte eine Pestepidemie über Athen. Viele starben dahin. Sie mussten sich geschlagen geben.

Minos verlangte, dass jedes neunte Jahr sieben junge Frauen und Männer als Tribut nach Kreta gebracht werden mussten. Die warf er dem Minotauros zum Fraß vor. So grausam das auch war, was blieb den Athenern anderes übrig, als sich zu fügen.

Der Minotauros aber war unersättlich. Er gab sich nicht mit diesen Opfern allein zufrieden. Verzweifelt bat Minos den klugen Daidalos um Hilfe. Der ließ ein riesiges Gebäude mit unzähligen Irrgängen errichten. Der Minotauros wurde in eine Kammer tief im Innern dieses Labyrinths gelockt. Er fand nicht mehr hinaus.

Die Kreter atmeten auf, weil sie den schrecklichen Anblick des Untiers nicht länger ertragen mussten.

Als zum dritten Mal das Jahr herankam, in dem die Athener den fürchterlichen Tribut zu zahlen hatten, begannen die Bürger der Stadt zu murren. »Jedes unserer Kinder kann das schreckliche Los treffen«, sagten sie. »Aber was ist mit Theseus, dem Sohn des Königs? Der wird gewiss ungeschoren davonkommen.«

Theseus kam dieses Gerede zu Ohren. Er bot sich an freiwillig mit den Opfern nach Kreta zu segeln, obwohl das Los nicht auf ihn gefallen war. Er hoffte von Minos zu erreichen, dass der auf den Tribut verzichtete.

Sein Vater war entsetzt, als er von diesem Plan erfuhr. Doch Theseus blieb bei seinem Entschluss und sagte: »Ich werde notfalls den Minotauros töten und den Kretern beweisen, dass damals nicht ihre Stärke, sondern die Pest uns niedergeworfen hat.«

Bevor das Schiff jedoch den Anker lichtete, wanderte

Theseus zum Apollontempel nach Delphi. Er bat den Gott um Rat und versprach ihm in jedem Jahr reiche Opfergaben zu spenden, wenn er heil aus Kreta zurückkehre.

Der Orakelspruch, den Apollon ihm zukommen ließ, war rätselvoll wie immer, doch er schien für Theseus nicht ungünstig.

»Lass dich von der Liebe leiten,
deine Fahrt gelingt mit Glück.
Wird sie dir auch Leid bereiten,
du kehrst aus des Meeres Weiten
wie ein Sieger stolz zurück.«

Voller Sorgen ließ der König seinen Sohn ziehen. Zum Zeichen der Trauer über die vierzehn jungen Menschen, die übers Meer in den Tod geschickt werden mussten, war das Schiff mit schwarzen Segeln bestückt worden. Theseus und sein Vater hatten jedoch etwas vereinbart: Wenn das Schiff heimkehrte und die Fahrt einen glücklichen Ausgang genommen habe, dann sollte Theseus weiße Segel hissen, sobald die Küste in Sicht war.

Theseus war guten Mutes, hatte ihm doch das Orakel eine siegreiche Heimkehr verheißen. Den Rat, sich von der Liebe leiten zu lassen, wollte er wohl beherzi-

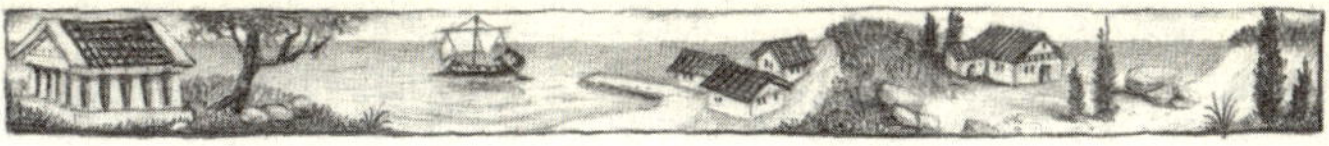

gen. Als die Berge Kretas sich in der Ferne am Horizont abzeichneten, weihte er Aphrodite, der Göttin aller Liebenden, eine Opfergabe.

Er wurde von König Minos zunächst freundlich empfangen. Als er ihn jedoch bat auf den Tribut zu verzichten und seine jungen Gefährten zu verschonen, wies Minos ihn hart ab. »Immerhin ist Minotauros das Kind meiner Frau«, sagte er. »Schlimm genug, dass ich ihn wie einen Gefangenen halten muss. Soll ich ihn etwa verhungern lassen?«

»Ich werde das Untier töten«, rief Theseus. »Dann leidet es weder Hunger noch Durst.«

» Nur zu«, antwortete Minos und lachte. »Doch ich sage es dir voraus, jeder Mensch, der die verschlungenen Wege in Minotauros' Haus betritt, ist unrettbar verloren. Nie findet er aus dem Labyrinth wieder heraus.«

Die schöne Tochter des Minos, Ariadne, erschrak, als sie von dem Vorhaben des Atheners hörte. Sie hatte den Königssohn gesehen und sich Hals über Kopf in ihn verliebt. Theseus hatte das bald gespürt. Auch er fand Ariadne reizvoll. Er fragte sich nicht, ob es Liebe war, die er empfand. Aber dass es für ihn nur von Vorteil sein konnte, wenn sie zu ihm stand, das erkannte er wohl.

Ariadne wusste, dass es nur einen auf der Insel gab, der

vielleicht helfen konnte den Tod des Theseus zu verhindern. Sie ließ Daidalos rufen. Er traf sie in der Spinnkammer. Sie berichtete ihm, was bevorstand. »Rette Theseus«, flehte sie ihn an. »Ich will dir mein Leben lang dankbar sein.«

Sein Vorschlag war einfach und genial. Er nahm ihre Spindel, voll gedreht mit einem dünnen Wollfaden und riet ihr: »Theseus soll, ehe er das Labyrinth betritt, das Ende des Fadens am Türpfosten festbinden. Während des Weges wickelt er ihn durch alle Gänge und um alle Ecken ab. Den Rückweg zu finden ist dann ein Kinderspiel.«

Ariadne begleitete in der Nacht Theseus heimlich mit den jungen Frauen und Männern aus Athen zum Eingang des Irrgartens. Sie verriet ihm, wie er sicher zurückfinden könne, und gab ihm die Spindel mit dem Wollfaden. Auch reichte sie ihm ein geweihtes Schwert und sagte: »Minotauros ist fürchterlich. Wenn du ihn überhaupt töten kannst, dann nur mit dieser Waffe.«

Theseus betrat die Behausung des Minotauros. Er fand den Tiermenschen schlafend im Innersten seines Baus und tötete ihn. Mühelos fand er den Rückweg entlang des Ariadnefadens.

Voller Angst und mit Ungeduld wurde er am Eingang erwartet. Ariadne wusste, dass Minos' Zorn entbren-

nen würde, wenn er von der List erfuhr, und drängte darauf, dass die Athener zum Hafen eilten und mit ihr in See stachen. Sie beschwor Theseus die Böden der Schiffe ihres Vaters zu zerschlagen, damit er sie nicht verfolgen könne. So gelang Theseus die Flucht.
Das Schiff lief die Insel Naxos an, um frisches Wasser und Nahrungsmittel zu fassen. Dort hatte Theseus in der Nacht einen bedrückenden Traum. Der Gott Dionysos erschien ihm und behauptete, Ariadne sei ihm als Gattin versprochen und seine Rache werde Theseus treffen, wenn er sie mit sich nach Athen nähme.
Halb aus Furcht vor dem Gotte, halb auch, weil er sich immer noch nicht sicher war, ob er Ariadne wirklich zur Gemahlin nehmen solle, befahl er den Athenern sich vor dem Morgengrauen aufs Schiff zu schleichen und davonzusegeln. Er blickte lange zurück und sah die weinende Ariadne am Ufer stehen. Doch dann trat Dionysos hinzu, nahm sie in den Arm und verschwand mit ihr im Frühnebel.
Voller Zweifel, ob er die richtige Entscheidung getroffen hatte, saß Theseus in Gedanken versunken am Heck des Schiffes und starrte aufs Meer hinaus. Die Küste Athens tauchte auf. Er vergaß den Befehl zu geben, die schwarzen Segel zu reffen und die weißen zu hissen.

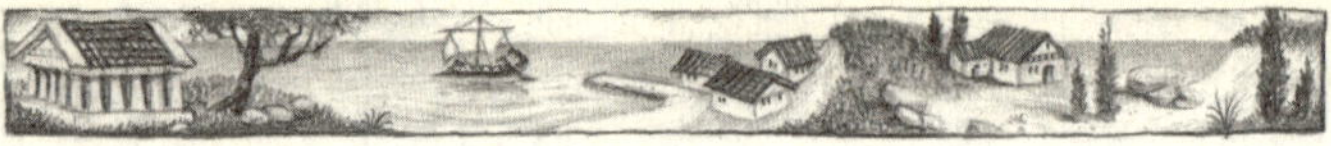

Während vieler Tage warteten die Bürger Athens schon auf die Rückkehr des Schiffes. Der König bestieg jeden Morgen eine hohe Felsenklippe und wollte als Erster sehen, ob es seinem Sohn gelungen war, die Stadt von dem Tribut zu befreien, den Minos ihr auferlegt hatte. Endlich sah er in der Ferne das Schiff.

Schwarze Segel! Er deutete sie als Unglücksbotschaft. Seine Befürchtungen schienen eingetreten zu sein. Voll Verzweiflung schrie er über das Wasser hin: »Meine einzige Hoffnung ist dahin. Mein Sohn ist tot.« Und er stürzte sich über den Rand der Klippe ins Meer.

Auf schreckliche Weise hatte das Orakel Theseus die Wahrheit gesagt. Sein Sieg war bitter erkauft mit Schmerz und Leid.

In Kreta fragte sich Minos erbittert, wie es Theseus möglich gewesen sein konnte, aus dem Labyrinth wieder herauszufinden und seine Tochter Ariadne zu entführen. Ihm wurde berichtet, auf welche Weise der Athener das scheinbar Unmögliche geschafft hatte. Minos schöpfte Verdacht. Sollte wirklich Ariadne auf die Lösung mit dem Faden gekommen sein? Er glaubte das nicht. Nur einem in Kreta traute er das zu.

Er ließ Daidalos holen. Der bestätigte die Vermutung des Königs. Als Minos ihm Vorwürfe machte, vertei-

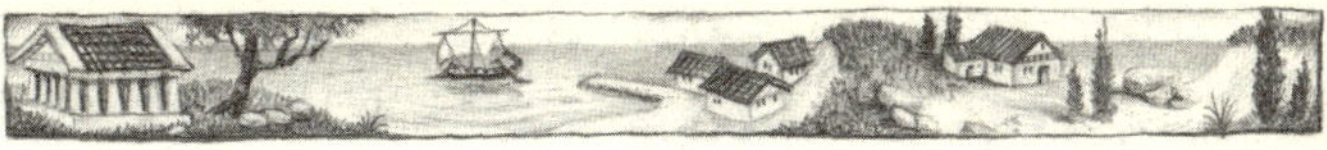

digte er sich und sagte: »Der Erfinder ist nur der Erfinder. Er ist nicht verantwortlich für das, was mit seiner Erfindung geschieht.«

Minos war anderer Meinung. Er ließ Daidalos gemeinsam mit seinem Sohn Ikaros zur Strafe in das Innere des Labyrinths bringen. So sehr Daidalos sich auch bemühte, er verirrte sich in den Gängen und Winkeln seines eigenen Bauwerks und fand nicht mehr hinaus. Er wünschte, er hätte den Boden Kretas nie betreten. Lange grübelte er nach einem Ausweg aus seiner misslichen Lage. Sollten er und sein Sohn in diesem Gefängnis irgendwann vergessen sterben?

Nichts fiel ihm ein. Mutlos starrte er zum Himmel hinauf. Ein Vogel flog vorüber. Aus seiner Schwinge löste sich eine Feder, schwebte herab und senkte sich vor ihm auf den Boden. »Fliegen, Ikaros, fliegen!«, rief er. »Diese Mauern und die Insel gehören Minos. Aber die Luft ist frei.«

Ikaros dachte, sein Vater habe den Verstand verloren. Aber dann sah er, wie Daidalos mit großem Eifer Federn sammelte, ja sogar den Vögeln nachstellte, die ihre Nester in dem Gemäuer gebaut hatten. Die Federn knüpfte er mit Fäden zusammen. Es entstanden allmählich Feder um Feder große Schwingen. Mit Bienenwachs gab er den Flügeln die endgültige Form und ihre Festigkeit. Auch für Ikaros fertigte er ein Flügelpaar. Zur Probe legte sich Daidalos die Schwingen an und hob sich leicht wie eine Möwe in die Luft. Die Flucht konnte gelingen.

Daidalos weihte seinen Sohn in die Kunst des Fliegens ein. Er ermahnte ihn und sagte: »Mein Sohn, wir werden es den Vögeln gleichtun. Bleibe immer dicht hinter mir. Du kennst es ja von den Graugänsen, wenn sie in langer Kette ihre Bahn am Himmel ziehen. Der älteste und erfahrenste Vogel fliegt an der Spitze. In seinem Windschatten folgen die Jungen. Wenn du es auch so machst, werden wir sicher das Meer überqueren. Hüte dich, den Wellen zu nahe zu kommen. Das Gefieder wird sonst vom Wasser benetzt, die Federn werden schwer und ziehen dich hinab ins Meer. Bleibe auch fern von der Sonne. Sie lässt das Wachs schmelzen und die Flügel zerflattern. Du kannst dich nicht mehr in der Luft halten und stürzt ab.«

Ikaros versprach dem Vater ihm durch die Lüfte zu folgen und die Gefahren des Meeres und der Sonne zu meiden.

In der Morgenfrühe des nächsten Tages schwangen sie sich empor. Kreta blieb zurück. Ein Traum der Menschen, den Vögeln gleich zu fliegen, hatte sich erfüllt. Ikaros war wie verzaubert von dem Gefühl des

Schwebens, Gleitens, Segelns. Immer wieder blickte der Vater zurück, aber Ikaros hielt sich an seine Weisung. Allmählich fühlte der Junge sich sicher. Zuerst wich er ein wenig, dann aber immer weiter von der Flugbahn des Vaters ab. Höher hinauf! Höher hinauf! Wie im Rausch trieb es ihn der Sonne entgegen.

»Ikaros, mein Sohn!«, schrie Daidalos, als er bemerkte, was der Junge anstellte. Aber Ikaros hörte ihn nicht mehr. Die Sonnenstrahlen weichten das Wachs seiner Flügel auf. Die kunstvollen Schwingen zerflatterten. Ikaros konnte sich nicht halten und stürzte tiefer und tiefer. Schließlich verschlang ihn das Meer. Daidalos kreiste dicht über dem Wasser, aber er sah nur noch ein paar Federn, mit denen die Wellen ihr Spiel trieben.

Weit über das Meer hin schrie ein Rebhuhn und sein höhnisches Kirrith, Kirrith gellte Daidalos in den Ohren. Da fiel ihm ein, das war der Schrei, der damals auf der Zinne der Athener Burg erklungen war, als er seinen Neffen Talos in den Tod gestoßen hatte. Er erschauerte vor der Rache der Götter.

Matt und mutlos landete er auf einer Insel. Die Leiche seines Sohnes wurde ans Ufer gespült. Er bestattete den Toten und nannte die Insel Ikaria. Viele Tage trauerte er, aß nicht und trank nicht. Schließlich schwang er sich wieder empor. Ziellos flog er umher. Es war

ihm gleichgültig geworden, ob er am Leben blieb oder wie Ikaros ins Meer stürzte.
Vor ihm tauchte der Schattenriss eines Gebirges auf. Kerzengerade stieg die Rauchfahne eines Feuer speienden Bergs in die Luft. Er ließ sich am Ufer nieder. Er wollte nicht mehr weiterfliegen und warf die Flügel in die Brandung.
Einige Menschen hatten den erstaunlichen Flug beobachtet. Sie eilten herbei und brachten Daidalos in die Stadt Agrigent zu König Kokalos. Daidalos war in Sizilien gelandet. Er wurde gastlich aufgenommen. Die Zeit schien seine Trauer zu mildern. Der König hatte von der Kunst des Daidalos gehört und bat ihn auch für ihn und Sizilien tätig zu werden.
Daidalos fand Trost in der Arbeit. Wie ein Besessener begann er für Kokalos auf einem unzugänglichen Felsmassiv eine Stadt mit einer Burg zu bauen. Kein Feind konnte diese Feste einnehmen; denn der Zugang zu diesem Ort war schmal und mit wenigen Leuten leicht zu verteidigen. Der König barg all seine Schätze in dieser Burg.
Das Lob, das Daidalos zuteil wurde, stachelte ihn an. Er sammelte das Wasser von Bächen und Flüssen und ließ es zu einem künstlichen See zusammenfließen. Als breiter Strom fiel das Wasser in tausend Kaskaden

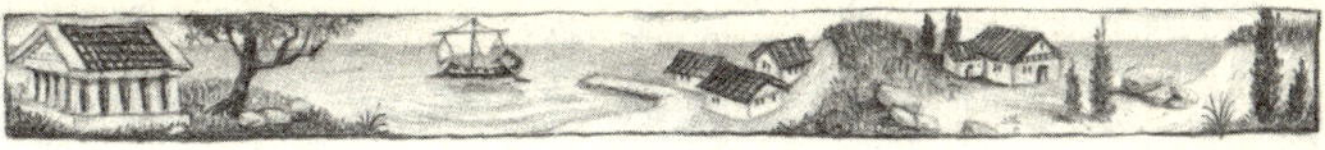

die Felsen hinab ins Meer. Auch nützte er die Hitze und die Dämpfe des Feuer speienden Bergs. Er lenkte die heiße, feuchte Luft in eine Grotte. Viele Menschen besuchten diesen Ort. Die Hitze trieb ihnen den Schweiß aus den Poren und manche Krankheiten wurden geheilt.
Als Daidalos' ganz besonderes Werk galt die herrliche Erweiterung des Tempels der Aphrodite. Die kostbarste Weihgabe in diesem Tempel war eine Honigwabe aus purem Gold. Sie glich so sehr einer wirklichen Wabe, dass selbst die Bienen sich von Daidalos' Kunstwerk täuschen ließen und ihren Honig darin sammelten.
In Kreta war die Flucht des Daidalos längst entdeckt worden. Minos aber konnte nicht herausfinden, auf welche Weise sie gelungen sein konnte und wo Daidalos untergeschlüpft war. Er vermisste den Athener sehr. Gern hätte er ihn wieder in der Stadt Knossos gesehen.
Eines Tages fiel ihm ein, wie er vielleicht herausbekommen konnte, wo Daidalos sich aufhielt. Er stellte ein scheinbar unlösbares Rätsel. Überall ließ er verbreiten, wer auf dieses Rätsel eine Antwort finde, den wolle er reich belohnen. Er dachte, wenn überhaupt eine Lösung möglich ist, dann wird sie von Daidalos

gefunden. Das Rätsel lautete, wie man einen Faden durch das Haus einer Schneckenmuschel ziehen könne.
Das Rätsel wurde auch in Sizilien bekannt. Eher zum Scherz forderte Kokalos den Daidalos auf sich den Kopf darüber zu zerbrechen. Daidalos band das Ende eines hauchdünnen Fadens an das Bein einer Ameise und ließ das Insekt durch das Schneckenhaus kriechen. Das Tier zog den Faden hinter sich her und die Lösung war gefunden.
Voller Stolz sandte Kokalos einen Boten nach Kreta, der dem König die Auflösung mitteilen und die versprochene Belohnung einfordern sollte. Minos' Rätsel hatte seinen Zweck erfüllt.
Minos wusste jetzt, wo Daidalos sich befand. Den Boten ließ er töten und segelte mit vielen Schiffen und Kriegern übers Meer nach Sizilien. Minos verlangte von Kokalos die Auslieferung des Atheners. Kokalos erschrak vor der riesigen Heerschar der Kreter, doch Daidalos wusste auch jetzt einen Ausweg. Er flüsterte Kokalos den Rettungsplan ins Ohr.
Kokalos stellte sich ganz freundlich und stimmte der Forderung des Minos zu. Der Flüchtling sollte ausgeliefert werden. Zum Beweis seines guten Willens lud er Minos zu einem festlichen Mahl ein. Auch bot er

ihm zur Erfrischung ein Dampfbad in der Grotte an. Minos freute sich, dass das Ziel seines Kriegszuges ohne Kampf zu erreichen war. Arglos begab er sich in die Grotte.
Kokalos aber ließ die Türen verschließen. Der heiße Dampf strömte ohne Unterlass in den Raum und konnte nicht abziehen. Minos erstickte.
Die Leiche ihres Königs wurde den Kretern in feierlichem Zug übergeben. Er sei auf dem glatten Boden ausgerutscht und habe sich das Genick gebrochen, wurde ihnen gesagt. Die Kreter glaubten, dass die Nähe des Daidalos ihnen nur Unglück bringe, und verzichteten auf die Auslieferung. Sie bestatteten ihren König und kehrten nach Kreta zurück.
Kokalos gewährte Daidalos jede Gunst und ermunterte ihn eine Schule für Künstler ins Leben zu rufen. Viele berühmte Bildhauer und Architekten brachte diese Schule hervor. Alle Erfolge jedoch konnten Daidalos nicht wirklich glücklich machen. Je älter er wurde, desto häufiger dachte er daran, wie grausam die Götter seinen Mord an Talos gerächt hatten. Die Gedanken an den Tod seines Sohnes Ikaros drückten ihn nieder wie eine schwere Last und er vermochte sie nicht abzuschütteln. Einen Mord hatte er auf dem Gewissen, die Heimat und schließlich auch seinen Sohn

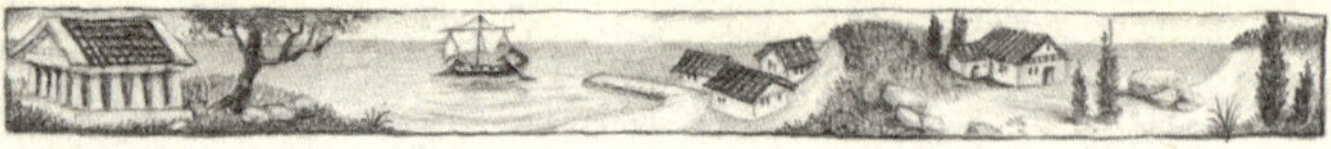

Ikaros verloren. Auch König Minos, der ihm in Kreta eine neue Heimstatt geboten hatte, war durch ihn nur Unglück und Verderben widerfahren. Daidalos wurde immer schwermütiger und starb schließlich alt und in der Gewissheit, sein Leben vergeudet zu haben. Kokalos aber, der ihm so vieles verdankte, ließ ihn feierlich bestatten und trauerte ihm noch lange nach.

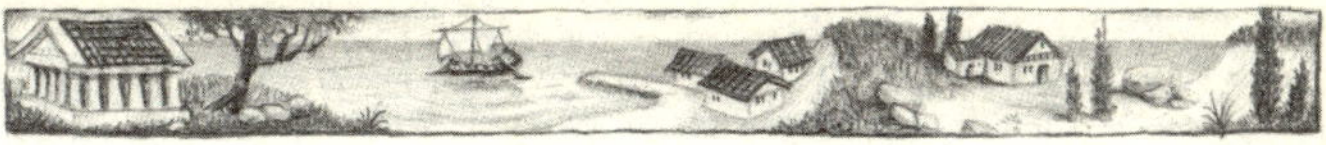

Demeter und Persephone

Zeus teilte nach seinem Sieg über die Titanen und die Giganten die Herrschaft über die Welt mit seinen Brüdern. Poseidon wurde der Gott des Meeres und der Gewässer, das Reich des Hades war die Unterwelt. Zeus selbst fielen Himmel und Erde zu. Er war der Herr über Götter und Menschen.
Seine Schwester Demeter hatte eine sehr schöne Tochter, Persephone mit Namen. Zeus hatte, ohne Demeter zu befragen, dem Hades diese Nichte zur Frau versprochen. Persephone war ein heiteres junges Mädchen. Mit ihren Gefährtinnen verbrachte sie mit Spielen, Tanzen und Singen fröhliche Tage. Einmal tollten sie über eine Wiese. Im Gras blühten tausend herrliche Blumen. Persephone wollte sich einen Kranz winden und entfernte sich beim Pflücken der Blüten immer weiter von ihren Gespielinnen. Plötzlich bebte die Erde, ein dumpfer Donner war zu hören und vor ihr öffnete sich ein tiefer Spalt. Ein funkelndes Gespann fuhr heraus, golden der Wagen und die Pferde davor, feurig und wild anzusehen.
Persephone erschrak und wollte davonlaufen. Doch der Rosselenker war Hades. Der packte Persephone,

hob sie zu sich auf den Wagen und entführte sie. Voller Angst schrie das Mädchen laut um Hilfe. Ihre Gefährtinnen hörten sie nicht. Hekate jedoch vernahm ihre Schreie und Helios auf seinem Sonnenwagen sah, was geschah.

Solange Hades noch über die Erde fuhr, hoffte Persephone auf ihre Rettung. Doch dann lenkte Hades den Wagen in sein Reich, die Unterwelt.

Persephones Mutter wurde berichtet, dass die Tochter wie von der Erde verschluckt worden sei. Trotz eifrigen Bemühens sei sie nicht zu finden.

Demeter wurde von einem tiefen Schmerz ergriffen. Sie machte sich auf, um nach Persephone zu forschen. Überall auf der Erde suchte sie nach ihr. Selbst in den Nächten gönnte sie sich keine Ruhe. Im Schein von Fackeln eilte sie durch Ebenen und Gebirge. Vergebens. Ihre Verzweiflung wuchs von Stunde zu Stunde. Sie fragte überall nach ihrer Tochter, aß nicht und trank nicht, achtete nicht auf ihre Kleidung, ihr Haar zerzauste und sie wusch sich nicht mehr.

Da verspürte Hekate Mitleid mit der Göttin. Sie sagte ihr, dass sie die Schreie Persephones wohl gehört habe. Doch wisse sie nicht, wer der Entführer sei. Sie sprach: »Wenn einer dir Auskunft geben kann, dann ist es Helios, der Sonnengott. Dem Licht der Sonne bleibt nichts verborgen. Frage ihn, wer deine Tochter geraubt hat.«

Demeter folgte ihrem Rat, trat vor den Sonnenwagen des Helios und wollte von ihm erfahren, was mit Persephone geschehen sei.

Helios sah, wie Demeter litt. Er teilte ihr mit, was er wusste.

Demeter war empört über ihren Bruder Zeus, der ihre Tochter dem Hades ausgeliefert hatte.

Helios wollte sie trösten und sagte zu ihr: »Hat nicht Persephone mit Hades einen Gatten bekommen, wie sie sich keinen besseren wünschen kann? Sie wird mit ihm über das Reich der Schatten herrschen. Keine Frau wird mächtiger sein als deine Tochter.« Doch Demeter wies jeden Trost weit von sich. Voller Zorn entschloss sie sich nicht mehr zu den Göttern in den Olymp zurückzukehren, sondern zu den Menschen zu gehen. Nur noch einmal traf sie die anderen Götter, als sie der Einladung des Tantalos zu einem Gastmahl folgte. Doch wie betäubt von ihrem Schmerz und erbittert über das, was Zeus und Hades ihr angetan hatten, wandte sie ihnen den Rücken. Sie wollte lieber bei den Sterblichen leben, als jenen täglich zu begegnen, die es geduldet hatten, dass ihr eine solche Schmach zugefügt worden war.

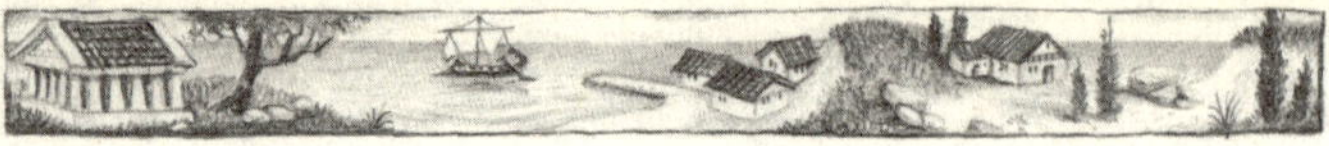

Sie gelangte in die Nähe des Palastes, in dem Keleos wohnte, der König im Land Eleusis. Dort hockte sie auf dem Boden, gleich einer alten, verwahrlosten Bettlerin. Die Töchter des Königs sahen sie im Schmutz der Straße sitzen. Demeter hatte ihr göttliches Aussehen verborgen und die Mädchen erkannten in der armen Frau nicht die Göttin, die der Erde die Fruchtbarkeit geschenkt hatte. Die Mädchen wollten wissen, wer sie sei.
Da antwortete Demeter: »Ich bin unter die Räuber gefallen. Ein Entführer ist schuld an meinem Elend. Ich habe gehört, dass der König Keleos ein gütiger Herrscher ist. Vielleicht hat er in seinem Palast einen Winkel, in dem ich unterschlüpfen kann. Ich könnte ihm eine Dienerin sein. Wenn es dort ein kleines Kind gibt, so will ich es wohl hüten.«
»Wir werden mit unserer Mutter Metaneira sprechen. In unserem Haus ist gewiss ein Platz für eine Frau, die das Unglück getroffen hat. Auch haben wir noch einen kleinen Bruder, der wohl eine Kinderfrau nötig hätte. Warte hier. Wir kommen bestimmt zurück.«
Es dauerte nicht lange, bis Demeter in den Palast gerufen wurde. Metaneira erkannte gleich, dass nicht eine hergelaufene Alte ihr Haus betreten hatte. Sie spürte, dass eine ganz besondere Frau vor ihr stand und um Hilfe bat. Sie ließ ihr ein Bad bereiten und legte ihr

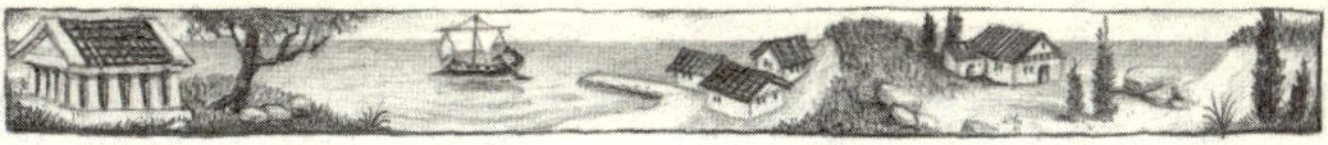

neue Kleider zurecht. Dann sagte Metaneira: »Ich nehme dich in unser Haus auf und vertraue dir die Pflege meines kleinen Sohnes an.«

So wurde Demeter zur Kinderfrau in Eleusis. Der kleine Junge wuchs heran und wurde zur Freude seiner Eltern ein kräftiges, wohlgestaltetes Kind. Demeter hatte vor, ihn aus Dankbarkeit zu einem Gott zu machen und ihm mit Nektar und Ambrosia die Unsterblichkeit zu verleihen. Jede Nacht entzündete sie ein Feuer und hielt den Knaben in die Flammen. Dank ihrer Kraft spürte er keinen Schmerz. Sie wollte ihn läutern wie reines Gold.

Metaneira konnte eines Nachts nicht schlafen. Unruhig fragte sie sich, ob ihr Sohn vielleicht erkrankt sei. Sie ging in sein Zimmer. Auch in dieser Nacht war ihr Junge der Kinderfrau anvertraut. Die Königin sah, dass Demeter das Kind ins Feuer hielt. Entsetzt rief sie den König. Der eilte herbei. Doch Demeter hatte den Jungen schon aus den Flammen genommen und auf sein Lager gelegt.

»Was hast du mit unserem Sohn gemacht?«, fragte Keleos verstört.

Demeter, voll Zorn darüber, dass ihre guten Absichten vereitelt worden waren, bekannte, wer sie war. Ihre göttliche Schönheit strahlte auf, das lange blonde

Haar glänzte auf wie ein goldenes Weizenfeld und es war, als ob ein helles Licht ihre Gestalt umhüllte. »Ihr Menschen habt mit eurer Neugier verhindert, dass aus eurem Sohn ein Unsterblicher werden konnte. Nun wird er einst den Tod erleiden müssen, wie ihr alle«, rief sie zornig.

Der König und die Königin fielen vor der Göttin nieder und flehten: »Sage uns, oh Göttin der Felder und Früchte, sage uns, was müssen wir tun, um dich zu versöhnen?«

Demeter forderte von ihnen den Bau eines Tempels auf einem Hügel vor der Stadt. Keleos rief am folgenden Tag die Bauleute seines Landes zusammen und befahl ihnen nicht eher zu ihren Baustellen zurückzukehren, bis sie das Bauwerk für die Göttin errichtet hatten.

Ein herrlicher Tempel wuchs empor. Doch Demeter schien keine Freude daran zu haben. Nachdem sie den Knaben aus ihrer Pflege und Erziehung weggegeben hatte, kehrten doppelt stark Trauer und Schmerz über den Verlust ihrer Tochter zurück. Sie hockte in ihrem Tempel und überlegte, wie sie sich an den Göttern rächen konnte. Schließlich gefiel es ihr, die ganze Erde mit einer schrecklichen Dürrezeit zu schlagen. Das Korn verdorrte auf den Feldern, die Bäume trugen keine Früchte und warfen die Blätter ab, das Gras auf

den Wiesen und Weiden verbrannte und das Vieh ging ein. Auch die Menschen nagten bald am Hungertuch. Zeus beobachtete mit großer Sorge, was sich unter den Sterblichen ereignete. Er sandte wiederholt Götterboten zu Demeter, beladen mit reichen Geschenken, die sie baten ihren Sinn zu ändern und in den Olymp heimzukehren. Doch Demeter verließ ihren Tempel nicht, zog das schwarze Trauergewand nicht aus und war nicht zur Versöhnung bereit.

»Zeus weiß, was ich will«, wiederholte sie jedes Mal, wenn ein Bote ihres Bruders zu ihr kam. »Gebt heraus, was Hades mir raubte. Dann, aber nur dann will ich vergessen, was meiner Tochter und mir angetan worden ist.«

Zeus wollte nicht, dass das Menschengeschlecht ausstarb. Er befahl seinem Bruder Hades Persephone aus der Unterwelt zu entlassen.

Hades gehorchte dem Zeus und ließ Persephone ziehen, auch weil sie sich nach ihrer Mutter sehnte und den Schmerz der Trennung nicht überwunden hatte. Nie hatte sie irgendetwas zu essen oder zu trinken angerührt. Hades versprach ihr zum Abschied: »Hermes soll dich zu deiner Mutter bringen. Wenn du je zu mir, der ich dich über alles liebe, heimkehrst, wirst du wieder die Herrscherin des Schattenreiches sein.«

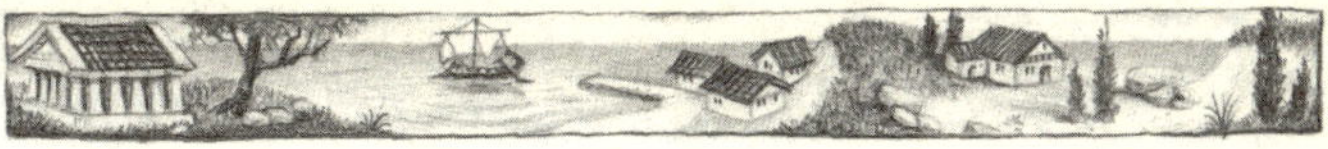

Er umfasste sie vom Rücken her und schob ihr den Kern eines Granatapfels, die Frucht der ewigen Liebe, zwischen die Lippen. In der freudigen Erregung, ihre Mutter bald wieder sehen zu können, schluckte sie den Kern hinunter.

Hades überließ dem Götterboten Hermes seinen goldenen Wagen mit den geflügelten Rossen. Hermes steuerte ihn durch die Luft und über die Meere auf geradem Wege nach Eleusis. Er führte Persephone an der Hand und fand Demeter in ihrem Tempel. Voll Freude lagen sich Mutter und Tochter in den Armen. Nach einer Weile fragte Demeter: »Hast du, meine Tochter, im Hades jegliche Speise verweigert?«

Persephone gestand ihr: »Als ich die Freudenbotschaft hörte, dich, Mutter, wieder sehen zu dürfen, habe ich den Kern eines Liebesapfels verschluckt, den Hades mir in den Mund schob.«

Die beiden saßen Stunde um Stunde glücklich beieinander und Persephone erzählte, wie alles geschehen war und dass Hades sie gezwungen hatte ihm in das Schattenreich zu folgen. Doch schon an diesem Tag spürte sie die Wirkung der Speise, die Hades ihr zugesteckt hatte, und die Liebe zu ihrem Gatten wurde ihr bewusst.

Es erfüllte sie daher mit einem Glücksgefühl, als Demeter ihr sagte: »Weil du den Kern gegessen hast, wirst du stets eine große Liebe zu Hades empfinden. Für den dritten Teil jeden Jahres musst du deshalb zu Hades in die Unterwelt zurückkehren. Aber zwei Drittel des Jahres werden wir beisammen sein.«

Zeus überlegte, wen er zu Demeter senden könne, damit sie wieder zu den Göttern komme und das Verhängnis der Dürre von der Erde wegnehme. Es fiel ihm Rhea ein, die ja sowohl Demeters als auch seine Mutter war. Rhea überbrachte die Botschaft und das Versprechen des Zeus, dass Persephone und Demeter im Olymp mit Freude erwartet würden.

Demeter hatte nicht vergessen, wie freundlich sie von Keleos und Metaneira aufgenommen worden war. Beim Abschied weihte sie den König in die Geheimnisse ein, die es einzuhalten galt, wenn ihr im Tempel geopfert werden sollte. Sie versprach dem ganzen Land reiche Ernten und alles Glück, das die Irdischen erhoffen konnten.

Und so kam es. Die Dürre nahm ein Ende und die Felder und Bäume trugen Früchte, so reich wie nie zuvor. Das Vieh stand fett und glatt in den Ställen, und was die Menschen in Eleusis auch anfassten, es gelang ihnen, wie die Göttin es zugesagt hatte.

Persephone wurde eine weise und geachtete Herrscherin der Unterwelt, der es hin und wieder sogar gelingen konnte, die Urteile ihres Gatten zu beeinflussen und den Irdischen ihr Los im Reiche der Schatten zu mildern.

Helios und Phaeton

Phaeton wurde auf der Insel Kos geboren. Seine Mutter hieß Klymene. Ihr Mann, der König der Insel, war Merops. Klymene hatte ihrem Sohn oft gesagt, dass Merops sein Pflegevater sei. Als wirklichen Vater nannte sie ihm Helios, den Sonnengott, der mit seinem goldenen Wagen jeden Tag das Himmelsgewölbe von Ost nach West durchquert.

Voller Stolz schaute Phaeton oft der Bahn der Sonne nach, bis seine Augen ihr Licht nicht mehr ertragen konnten. Vor seinen Spielgefährten prahlte er mit seiner göttlichen Herkunft und schaute hochnäsig auf sie herab. Die aber hielten Phaetons Geschichten für phantastische Lügen, neckten ihn und lachten ihn aus. Traurig ging er dann zu seiner Mutter und beklagte sich über das Verhalten seiner Gefährten. Klymene tröstete ihn und schwor, dass sie ihm die Wahrheit über seine Herkunft gesagt habe. Helios und kein anderer sei sein Vater.

Nach einiger Zeit bemerkte Klymene, dass Phaeton den Spott der anderen nicht mehr ertragen konnte. Sie sah, dass er sich von ihnen abwendete, und fürchtete, er könne zum Einzelgänger werden. Noch einmal be-

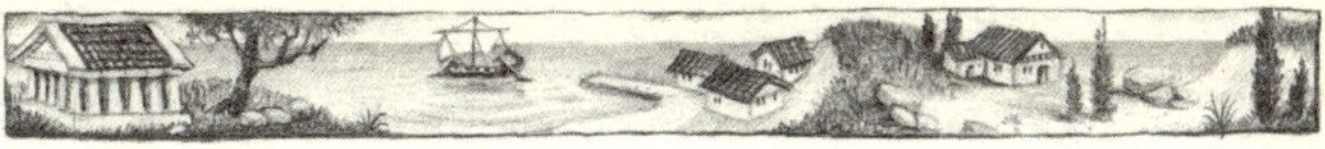

teuerte sie, dass Helios sein Vater war und rief aus: »Wenn ich nicht die Wahrheit spreche, mein Sohn, dann will ich auf der Stelle erblinden.«

Phaeton aber erbat einen Beweis für das, was die Mutter behauptete.

»Mach dich auf und geh nach dem Osten zu«, sagte sie. »Dort liegt der Palast deines Vaters, aus dem er jeden Morgen aufbricht und den Sonnenwagen auf seine Bahn lenkt. Tritt mutig vor ihn hin und fordere ihn auf, dass er dir den Beweis dafür gibt, dass du sein Sohn bist.«

Phaeton machte sich auf den Weg und wanderte lange in Richtung der aufgehenden Sonne. Endlich erreichte er den Palast des Helios. Er staunte über all die Pracht, die er erblickte. Gold und Silber schmückten den Palast und funkelnde Steine blitzten im Licht der Sonne. Die Tore waren aus Elfenbein und prächtige Bilder zierten die Mauern.

Er trat vor das Tor und begehrte Einlass. Zwar lächelten die Wächter ungläubig, als er Helios als seinen Vater bezeichnete. Doch sie berichteten dem Sonnengott, was dort draußen ein fremder junger Mann behauptete.

Helios befahl den Wächtern, Phaeton in die große Halle zu führen. Als der den riesigen Raum betrat, blieb er wie geblendet an der Tür stehen. Helios saß an der Stirnseite und neben ihm die Jahreszeiten, der mit Blumen bekränzte junge Frühling, in der vollen Manneskraft der Sommer, der Herbst, der Trauben und Äpfel, Birnen und Pflaumen und noch viele andere reife Früchte in einem überquellenden Korb trug, und schließlich eisgrau und mit den weißen Haaren des Alters der Winter. Helios selbst hatte einen Strahlenkranz auf dem Haupt, der so hell leuchtete, dass Phaeton seine Augen abwenden musste.

Er wurde von Helios freundlich begrüßt und Phaeton hörte erleichtert, dass der Gott den sterblichen Sohn nicht verleugnete.

»Was begehrst du von deinem Vater, Phaeton?«, fragte er.

»Oh du Gott, der den Himmelswagen lenkt, auf der Erde zweifeln viele, ob ich wirklich dein Sohn bin. Gib mir etwas zum Beweis deiner Vaterschaft, damit die Menschen mir glauben.«

Da ließ sich Helios den Strahlenkranz vom Haupt nehmen und winkte Phaeton nahe zu ihm zu kommen. Er umarmte ihn und sagte: »Ich will alle Zweifel an deiner Herkunft zerstreuen. Äußere einen Wunsch. Was soll ich für dich tun? Ich schwöre dir beim Styx, den alle Himmlischen bei einem Schwur zum Zeugen

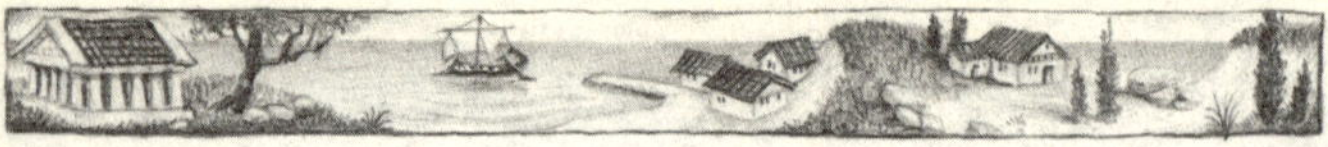

anrufen, ich schwöre dir, was immer du begehrst, es soll in Erfüllung gehen.«

Phaeton besann sich nicht lange und bat: »Ein einziges Mal, Vater, möchte ich den Sonnenwagen lenken, wenn er seine Bahn über den Himmel zieht, und die geflügelten Rösser will ich an den Zügeln führen, hinauf zum Mittag und hinab auf den Abend zu.«

Da erschrak der Sonnengott und er versuchte dem Sohn den Wunsch auszureden. Er sprach davon, wie gefährlich es selbst für ihn, den Gott, ist, die Rosse zu lenken und den Wagen auf der vorgezeichneten Bahn zu halten. Er warnte ihn nachdrücklich und sagte: »Der Weg hinauf zum Mittag ist steil und am höchsten Punkt des Tages überkommt selbst mich das Grauen, wenn ich in die unermessliche Tiefe auf Länder und Meere hinabschaue. Und dann geht es jäh abwärts. Poseidon, der auf mich in den Wassern der Meere wartet, denkt sicher selbst oft mit Sorge, dass ich mit meinem Gefährt abstürze. Ich beschwöre dich, mein Sohn, lasse ab von diesem Wunsch, der dir Tod und Verderben bringen kann.«

Phaeton jedoch fühlte sich eher verlockt von dem, was der Vater ihm gesagt hatte. Er schlug Helios' Warnungen in den Wind und forderte übermütig den Vater auf seinen Schwur zu halten.

Helios bereute bitter, was er in der ersten Freude, seinen Sohn zu sehen, versprochen hatte. Noch einmal wollte er Phaeton von dem Vorhaben abbringen. »Du verlangst ein sicheres Zeichen von mir, mein Sohn. Spürst du nicht die Angst des Vaters um das Leben seines Kindes? Wärest du nicht mein Sohn, ich würde dir den Wagen übergeben und dich leichten Herzens in den Tod fahren lassen. Noch ist es Zeit, Phaeton, von deinem Wunsch zurückzutreten. Was du von den Schätzen der Erde dir auch wünschen magst, ich will es dir gerne gewähren. Ich bitte dich, vertraue meiner Erfahrung und meinem guten Rat. Nimm Vernunft an.«

Doch Phaeton verschloss seine Ohren für alle Warnungen und bestand darauf, wenigstens ein einziges Mal der Rosselenker des Sonnenwagens zu sein.

Mit schwerem Herzen befahl Helios nun Wagen und Pferde zu holen. Was für ein herrlicher Wagen war das! Goldene Räder und Achsen, Speichen aus blankem Silber und über und über mit funkelnden Edelsteinen geschmückt.

Schon öffnete die Göttin der Morgenröte die Pforten. Glutvolle Rosen allüberall, wohin das Auge auch blickte. Dann wurden die Rosse herbeigeführt. Schnaubend vor Lust und getränkt mit Ambrosia, ließen sie sich einspannen.

Voll Sorge um seinen Sohn salbte Helios das Gesicht seines Jungen, dass die Hitze ihm nichts anhaben konnte. Er gab ihm letzte Anweisungen, wie er sich verhalten sollte. Schon verblassten die Sterne und das Mondlicht erlosch.

»Hüte dich, Phaeton, die Peitsche zu gebrauchen. Die Pferde laufen ohnedies so schnell, dass du Mühe hast, sie zu zügeln. Meide den Norden und komme dem Südpol nicht zu nahe. Folge der vorgezeichneten Bahn. Sieh dich vor und fahre nicht zu hoch hinaus. Gluthitze würde dich verbrennen. Komme aber auch der Erde nicht zu nahe, sie wird sonst in einem flammenden Inferno untergehen. Und keine Schlangenlinien, mein Sohn.« Diese und andere Ratschläge gab er voller Sorge dem jungen Heißsporn. Phaeton sagte: »Ja, ja, Vater«, und bestieg den Wagen. Ein letztes Mal redete der Vater auf ihn ein, um ihn dazu zu bringen, zurückzubleiben und ihm selbst den Platz auf dem Wagen zu überlassen.

Doch Phaeton griff nach den Zügeln. Die Pferde mit Namen Feuer, Flamme, Glut und Funken scharrten ungeduldig mit den Hufen. Die Schranke wurde geöffnet. Wie vom Winde gejagt rasten die Rosse dahin. Sie spürten bald, dass nicht die gewohnte harte Hand des Gottes die Zügel hielt. Sie versuchten die gewohnte Bahn zu verlassen, zerrten den Wagen höher und tiefer, brachen auch seitlich aus. Da überkam Phaeton die Angst. Wie sollte er sie zügeln, wie den Sonnenwagen wieder in die Gewalt bekommen? Jetzt strebten die Rosse empor, höher und höher. Phaeton schaute nach oben und sah die Sternbilder nah und drohend über sich. Voll Schauder starrte er in die Tiefe. Die Hände begannen ihm zu zittern. Er wollte die Rosse anschreien, doch kannte er nicht ihre Namen. Die Zügel entglitten ihm. Nun war das Gespann ohne jede Lenkung. Wie toll zogen die Tiere den Wagen abwärts, der Erde entgegen, näher und näher.

Die Glut der Sonne entflammte die Wiesen, die Felder, die Wälder. In den Städten brachen Brände aus. In Panik versuchten die Menschen zu fliehen. Wo aber sollten sie sich vor der Sonnenglut verbergen, wo Schutz finden? Die Berggipfel begannen zu rauchen, als ob die Hitze im Schoß der Erde ihre feurige Schwester, die Sonne, willkommen heißen wollte. Das Wasser der Bäche und Flüsse verdampfte. Das Meer warf Blasen und weiße Wolken wallten empor.

Phaeton, von Angst geschüttelt, schlug die Hände vors Gesicht, auch weil er die Hitze nicht mehr ertragen konnte und sich vor der heißen Asche und den Funken schützen wollte, die von den Rädern emporgewirbelt wurden.

Sollte die ganze Erde in einem Weltenbrand vernichtet werden?
Die Götter bestürmten Zeus einzugreifen, seine Blitze zu schleudern und dem Wahnsinn Einhalt zu gebieten. Helios wandte sich entsetzt ab, aber auch er wusste keine andere Lösung. Der Götterblitz traf den Wagen und zerschmetterte ihn. Wie ein Komet wurde Phaeton emporgerissen hoch hinauf zu den Sternen. Die brennenden Haare zogen einen Flammenschweif hinter ihm her. Die unsterblichen Rosse kehrten ermattet zu Helios zurück.
Der Sonnengott verhüllte sein Haupt und trauerte um seinen Sohn. Es heißt, einen ganzen Tag lang sei die Sonne am Himmelsgewölbe nicht zu sehen gewesen. Erst als Hephaistos, der kunstvolle Schmied, in der Nacht den Sonnenwagen wieder erneuerte, sei die alte Ordnung der Tages- und Nachtzeiten wieder zurückgekehrt.

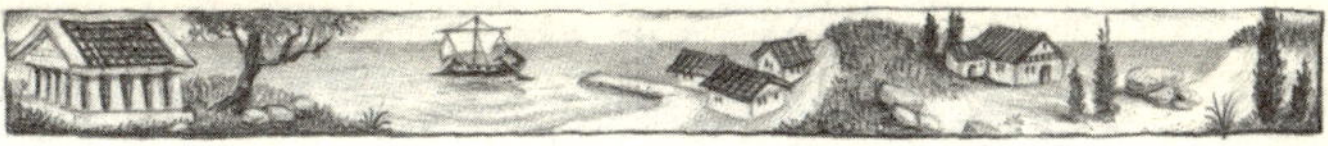

Perseus

Akrisios hatte einen langen und harten Streit mit seinem Zwillingsbruder Proitos austragen müssen, bis er endlich die Königswürde in Argos erringen konnte. Die Brüder hassten sich so sehr, dass an eine friedliche Einigung nicht zu denken war. Die Frauen im Palast hatten von den Ammen der beiden erfahren, dass sie bereits im Mutterleib nie zur Ruhe gekommen seien und wild miteinander gestritten hätten.

Nun, Akrisios hatte den Bruder besiegt und ihn aus dem Land vertrieben. Aber trotzdem war er nicht frei von Sorgen. Wer würde einst sein Nachfolger sein? Es war ihm und seiner Frau nämlich nur ein einziges Kind geboren worden, ein Mädchen namens Danae. Sollte das sein Schicksal sein, dass er ohne Sohn sterben musste und seinem Zwillingsbruder oder dessen Nachkommen irgendwann das Reich zufiel?

Er suchte im Tempel zu Delphi Rat und hoffte einen Hinweis für seine Zukunft zu bekommen. Doch das Orakel, das die Priesterin Pythia ihm im Namen des Gottes Apollon verkündete, erschreckte Akrisios zutiefst. Ganz deutlich sagte sie ihm voraus: »Akrisios, nie wird dir ein Sohn geboren werden. Aber Danae, deine Tochter, wird einen Jungen zur Welt bringen. Dieses Kind bedeutet für dich ein großes Unglück; denn durch die Hand deines Enkels findest du den Tod.«

Bestürzt und voller finsterer Überlegungen, wie er dieses Schicksal abwenden könne, kehrte er nach Argos zurück. Schließlich fasste er einen Plan. Aus allen Enden seines Landes ließ er die Bronzegießer in die Stadt kommen. Er forderte sie auf einen hohen Turm zu gießen. Die Innenwände sollten so glatt sein, dass es keinem Menschen möglich sei, daran emporzuklimmen. Auch Fenster dürfe es nicht geben. Nur ganz oben erlaubte er eine runde Öffnung, damit etwas Licht einfallen konnte. Eine Tür mit festen Riegeln und Schlössern sollte der einzige Zugang sein.

Die Bronzegießer stellten eine gewaltige Form aus Lehm her. Mit hundert Ochsenkarren oder mehr schafften sie die Bronzebarren herbei. Hell glühten die Feuer. In vielen Tiegeln schmolz das Metall und wurde in die riesige Form gegossen. Die Bronzegießer verstanden ihre Kunst. Der Guss gelang. Die Form wurde zerschlagen und die Sonne verlieh der Bronze ihren matten Glanz.

Im ganzen Land rätselten die Leute, wozu Akrisios dieses Bauwerk benutzen wollte. Aber das blieb zunächst geheim. Nur die vertrautesten Diener des Königs erfuhren, welche Ungeheuerlichkeit er ausgebrütet hatte. Nicht dass Akrisios seine Tochter nicht gern gehabt hätte, aber seine Eigenliebe war stärker. Mit einer einzigen Dienerin ließ er Danae in das Verlies einschließen. Nie sollte seine Tochter einen Sohn zur Welt bringen, der des Königs Leben gefährden könnte. Nur der Dienerin war es erlaubt, den Turm zu verlassen, um die Speisen zu holen, die die Königstochter und sie selbst vor dem Hungertode bewahrten.

Oft wanderten Danaes Blicke sehnsüchtig zu dem Lichtkreis hoch oben in dem Turm. Ihr Seufzen und ihre Bitten um Beistand drangen bis an das Ohr der unsterblichen Götter.

Zeus, angelockt von der grausamen Tat eines Vaters an seinem einzigen Kind, warf einen Blick durch das Rundfenster in das Gefängnis. Doch verlor sich das spärliche Licht in der Tiefe des Turms. Zeus wollte das

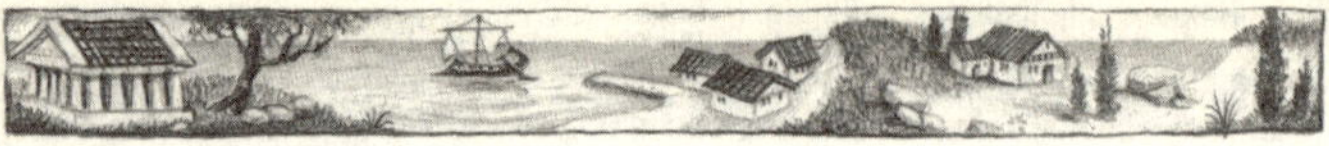

unglückliche Mädchen sehen. Um sie nicht zu erschrecken, verwandelte er sich in einen goldenen Regen, der sanft in das Verließ hinabrieselte. Danae fing die Tropfen mit ihrem Kleid auf. Doch sie durchnässten es nicht, sondern formten sich zu der Gestalt des mächtigen Gottes. Zeus war von der Schönheit des Mädchens hingerissen. In der folgenden Nacht wurde aus dem Gefängnis ein Zimmer, prächtig ausgeschmückt wie für eine richtige Hochzeit.

Ein Sohn wurde Danae geboren. Sie gab ihm den Namen Perseus. Die junge Mutter beschwor die Dienerin, kein Wort von dem zu erzählen, was sich im Turm ereignet hatte. Wenn der kleine Perseus zu weinen begann, dämpften Danae und die Dienerin seine Stimme, in dem sie dicke Tücher über den Kleinen breiteten. Gelegentlich drang sein Wimmern durch die bronzene Tür. Doch was sollten die Wächter anderes denken, als dass sie die Klagelaute der Gefangenen hörten.

Perseus war schon vier Jahre alt, als er einmal mit einem Ball spielte, den die Mutter ihm aus Stoffresten genäht hatte. Gerade als das Bronzetor geöffnet wurde und die Dienerin Speisen holen wollte, flog der Ball ins Freie. Perseus erhob ein lautes Geschrei, weil er sein Spielzeug wiederhaben wollte. Es wurde entdeckt, dass in dem Turm nicht nur Danae und die Dienerin lebten.

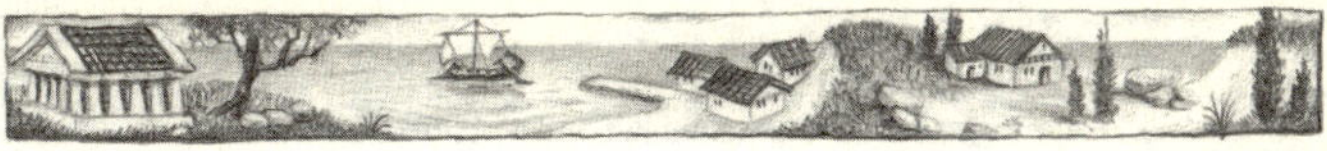

Akrisios ließ die Tochter, deren Sohn und auch die Dienerin in den Palast bringen. Der König fragte seine Tochter: »Gestehe, Danae, wer der Vater deines Kindes ist.« Sie antwortete: »Zeus selbst ist der Vater.« Da lachte Akrisios über sie und glaubte ihr kein Wort. »Die Dienerin ist die Schuldige«, schrie er voller Wut. »Nur sie konnte in aller Heimlichkeit einem Mann Zugang in den Turm verschaffen.«

Die Frau beteuerte zwar ihre Unschuld, aber der König wollte sie nicht anhören und befahl sie mit dem Tod zu bestrafen.

Für Danae und Perseus ließ er eine Holzkiste anfertigen, sperrte beide hinein und übergab sie dem Meer. »Ich werde meine Hände nicht mit dem Blut meiner Tochter beflecken«, rief er. »Wenn Zeus der Vater des Kindes ist, dann wird er euch wohl helfen.« So trieb er seinen Spott mit Tochter und Enkel.

Die Kiste trieb weit aufs Meer hinaus und entschwand seinen Blicken. Viele Tage schwamm sie auf den Wellen und gelangte schließlich in die Nähe der Insel Seriphos. Diktys, ein Fischer, sichtete sie. Er brachte die Kiste ans Ufer und befreite Danae und Perseus aus dem engen Gefängnis.

Diktys hatte einen Bruder, mit dem er allerdings nicht auf gutem Fuße stand. Er war der König der Insel und hieß Polydektes. Als der davon hörte, was da ans Ufer gespült worden war, musste Diktys die Frau zu ihm bringen. Sie gefiel dem König und er machte sie zu seiner Sklavin. Der Fischer fürchtete, dass sein Bruder auch das Kind in seine Gewalt bringen wollte. Er ging zum Tempel der Pallas Athene und bat darum, dass die Göttin sich des Jungen annehme.

Perseus wurde im Tempel aufgenommen und erzogen. Je älter er wurde, umso mehr schmerzte es ihn, dass seine Mutter Sklavendienste verrichten musste. Er wurde mehr und mehr zu ihrem Beschützer und besuchte sie oft. Polydektes hätte ihm das am liebsten verboten, doch er fürchtete den Zorn der Athene, unter deren Schutz der Junge stand.

Perseus wuchs zu einem jungen Mann heran. Er war klug, aber auch ein wenig weltfremd. Arglos hörte er, dass Polydektes ihn und viele vornehme Männer zu einem Gastmahl eingeladen hatte. Allerdings forderte der König von jedem Gast, dass er ein Ross als Geschenk mitzubringen habe. Niemand konnte die Einladung ausschlagen, wenn er sich nicht der Missgunst des Königs aussetzen wollte. Nun besaß Perseus kein Pferd und auch sein Retter, der Fischer Diktys, konnte ihm nicht helfen.

Polydektes war es natürlich klar, dass Perseus das verlangte Geschenk nicht beibringen konnte, und er hoffte, dass der junge Mann heimlich sein Land verlassen werde und seine Sklavin Danae ihren Beschützer verliere.

Perseus aber trat vor ihn hin und sagte: »Ich habe kein Pferd, das ich dir geben könnte. Aber verlange von mir ein anderes Geschenk. Ich werde es dir bringen.«

»Ich bin auch zufrieden«, sagte Polydektes, »wenn du mir den Kopf einer Gorgo herbeischaffst.«

Dem König war bekannt, dass jeder zu Stein erstarrte, der die schreckliche Fratze eines dieser Wesen anblickte. Perseus hatte davon noch nie gehört. Er stimmte also zu. Aber wo sollte er die Gorgonen finden? Er wanderte bis auf die äußerste Landzunge der Insel und schaute auf das Meer. Perseus flehte die Götter um Hilfe an. Nur sie konnten ihm den Weg weisen. In der Nähe dieses Ortes lebten in einer Berghöhle einige Quellennymphen, die Najaden. Athene bat sie ihrem Schützling behilflich zu sein. Drei Nymphen gesellten sich zu Perseus.

»Wir wollen dir alles das schenken«, sprachen sie, »was du unbedingt nötig hast, damit du dein Abenteuer bestehen kannst und im Stande bist, eine der drei Gorgonen zu besiegen.«

Die erste der Najaden reichte ihm geflügelte Schuhe.

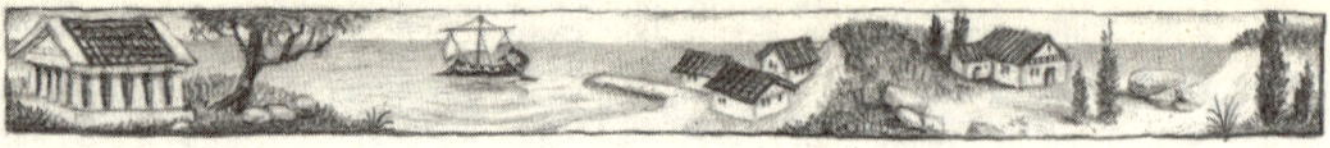

»Mit diesen Schuhen an den Füßen kannst du wie der Götterbote Hermes fliegen, wohin du nur willst.«

Die zweite gab ihm eine unscheinbare graue Mütze aus Hundefell. »Das ist eine Tarnkappe. Wenn du diese Kappe überstreifst«, sagte sie, »dann bist du für jedermann unsichtbar.«

Die dritte schließlich schenkte ihm eine Umhängetasche. »Berge darin das Haupt der Medusa. Sie ist die einzige Sterbliche unter den Gorgonen«, riet sie ihm.

Perseus durcheilte mit seinen Flügelschuhen weite Gebiete der Welt, aber wo konnte er Medusa finden? Eine Weile flog Hermes ihm zur Seite durch die Lüfte. Er reichte Perseus ein scharfes Sichelschwert. Und auch Pallas Athene begegnete ihm. Mit einem Male stand sie in einem glänzenden Licht vor ihm. Sie weihte ihn ein in das Geheimnis der Gorgonen und sagte: »Hüte dich, eine von den drei schrecklichen Töchtern des Meergeistes Phorkys geradewegs anzuschauen. Jeder Sterbliche, der das wagt, wird zu Stein, starr und stumm für immer. Nie mehr kann er auch nur das kleinste Glied regen.«

»Wie aber soll ich Medusa erkennen? Wie soll ich gegen ein Ungeheuer kämpfen, das ich nicht sehen darf?«

Athene gab ihm einen Schild, mit Silber überzogen und blank poliert. Perseus schaute auf das prächtige

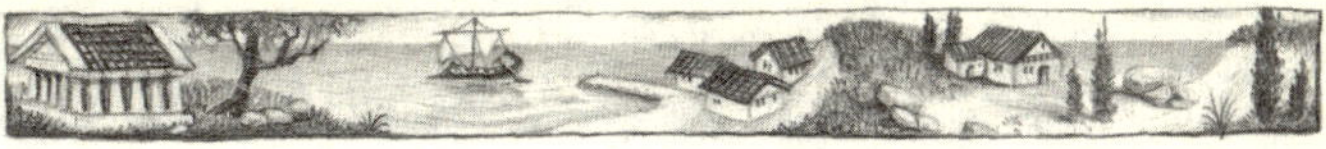

Geschenk und zuckte zusammen. Nie zuvor hatte er einen Spiegel gesehen und nahm an, es stünde ihm ein anderer Mensch gegenüber. Erst allmählich begriff er, dass er sein eigenes Bild in dem Spiegel des Schildes vor sich sah.

»Das Spiegelbild der Medusa hat keine Gewalt über dich«, sagte Athene und sie verschwand so plötzlich, wie sie gekommen war.

In der Nähe der Gärten der Hesperiden, weit im Westen, wo die Nacht ihren Anfang nimmt, geriet er endlich in das Gebiet der Gorgonen. Phorkys, der Meergeist, hatte viele absonderliche Wesen hervorgebracht. Auch die drei Graien, graue Geschöpfe ohne jegliche Farbe, waren seine Töchter. Niemals drang auch nur ein Sonnenstrahl bis zu ihnen, sogar der Silberschein des Mondes und das Glitzern der Sterne war ihnen fremd. Sie bewachten das dämmrige Reich der Gorgonen. Seltsam waren sie anzusehen. Sie besaßen gemeinsam nur einen einzigen Zahn und ein einziges Auge. In der Wache lösten sie einander ab. Die eine übergab dann der anderen Auge und Zahn für die Zeit der Wache. Genau in einem solchen Augenblick, als der Wächterin Auge und Zahn hingereicht wurde, griff Perseus danach.

Die Graien erhoben ein lautes Geschrei und jammerten: »Wie sollen wir wachen, wenn wir blind sind? Wie sollen wir Speise zu uns nehmen?« Perseus sprach zu ihnen: »Ich werde euch Auge und Zahn zurückgeben, wenn ihr mir verratet, wo ich das Versteck der Gorgonen finden kann.« In ihrer Not beschrieben sie ihm den Weg zu der Höhle, in welcher sich Medusa mit ihren Schwestern verborgen hielt.

Perseus schlich sich zum Eingang des Verstecks und fand die Gorgonen schlafend. Im Spiegel seines Schildes sah er sie, die schuppenbedeckten Hälse, Schlangen ringelten sich auf ihren Köpfen statt der Haare, Hauer wie von mächtigen Ebern ragten aus ihren Mundhöhlen, Klauen aus grünem Erz und goldglänzende Flügel. Perseus hütete sich sie anzuschauen. Er zog sein Sichelschwert aus der Scheide. Vielleicht hätte er nie die Stelle zwischen Kopf und Rumpf des Ungeheuers getroffen, doch Athene führte ihm die Hand. Der Kopf wurde der Medusa mit einem mächtigen Hieb vom Körper getrennt. Aus dem Rumpf entflohen ein Riese und das geflügelte Ross Pegasos. Medusa war vom Gott der Meere schwanger gewesen.

Perseus steckte den Medusenkopf in die Umhängetasche und flog eilends davon. Die beiden anderen Gorgonen waren aufgewacht, sahen die getötete Schwester und verfolgten Perseus. Doch der zog sich

die Hundefellkappe über den Kopf und sie fanden ihn nicht. Den Graien warf er im Vorüberflug Auge und Zahn zu, wie er es versprochen hatte.
Das Schnauben der Gorgonen entfachte einen Sturm und Perseus wurde über Länder und Meere geblasen. Als er die große Wüste Libyens überquerte, tropfte das Medusenblut aus seiner Tasche. Jeder Tropfen verwandelte sich auf der Erde in eine giftige Natter. Noch heute sollen sie in jener Gegend eine Plage sein.
Erschöpft von dem wilden Flug rastete Perseus im Land des Atlas und bat ihn um ein Nachtlager. Doch Atlas wies ihn unfreundlich ab. Weil er einen Garten mit goldenen Früchten bewachte, verdächtigte er Perseus als möglichen Dieb und bedrohte ihn. Da zog Perseus mit abgewandtem Gesicht das Medusenhaupt aus seiner Tasche. Atlas spürte mit Entsetzen, wie seine Glieder sich in Stein verwandelten, ja, sein Kopf wurde zu einem schneebedeckten Felsen. Perseus machte sich weiter auf die Suche nach der Insel Seriphos. Ihn drängte es, seine Mutter aus der Gewalt des Polydektes zu befreien.
Es muss in der Gegend östlich von Kreta gewesen sein, als er bei seinem Flug eine junge Frau wahrnahm, die man an einem Felsen hoch über dem Meer in Ketten geschlagen hatte. Er schwebte hinab zu ihr und sah, dass sie von großer Schönheit war. Er fragte nach ihrem Na-

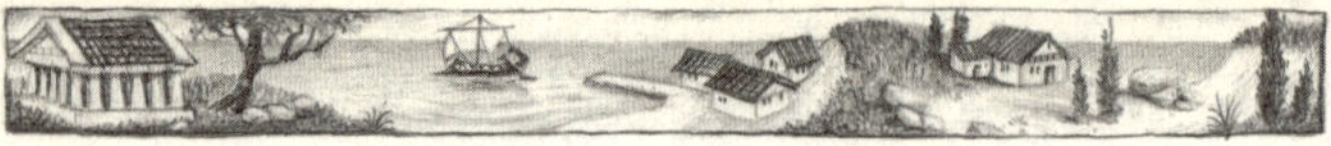

men. Doch sie war schüchtern und antwortete ihm nicht. Aber er ließ nicht nach sie zu befragen. Endlich gab sie Auskunft, auch weil er nicht denken sollte, sie selbst trage die Schuld an ihrem Schicksal.

»Ich warte hier auf ein Meeresungeheuer«, sagte sie und Tränen standen ihr in den Augen. »Meine Mutter Kassiopeia hat sich mit den Nereiden, den Töchtern des Meeresgottes, gestritten und behauptet, sie selbst sei die Schönste im ganzen Land. Da haben sich die Nereiden bei ihrem Vater Poseidon bitter beklagt. Der hat ein Hochwasser über das Land geschickt. Ein Riesenfisch schwimmt seitdem umher und verschlingt, was immer er bekommen kann. Da ist mein Vater, der König von Äthiopien, zum Tempel geeilt und hat um ein rettendes Orakel gefleht. Der Spruch des Orakels war mein Verderben. Das Land soll nämlich gerettet sein, wenn mein Vater mich, seine Tochter Andromeda, dem Unwesen zum Fraße anbietet.«

Noch während sie sprach, schäumte mit einem Male eine gewaltige Welle auf und es zeigte sich ein Fisch, so lang und breit, wie Perseus noch nie ein lebendes Wesen gesehen hatte. Er schwang sich mit seinen Flügelschuhen empor in die Luft, flog tiefer bis dicht über das Seeungeheuer und schlug ihm mit seinem Schwert tiefe Wunden. Das Tier raste vor Wut und Schmerz,

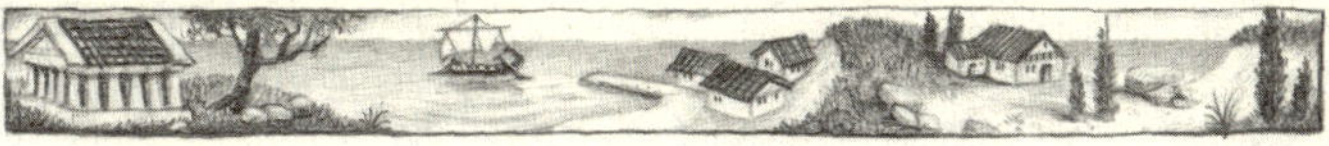

quirlte das Wasser auf zu blutigem Schaum, doch Perseus ließ nicht nach, sondern stieß sein Schwert tief in den schuppigen Leib.

Doch schon merkte er, wie die Flügel an seinen Füßen nass und schwer wurden. Mit letzter Kraft rettete er sich ans Ufer. Das Scheusal aber drehte seine weißliche Bauchseite nach oben und verendete.

Inzwischen waren auch der Vater und die Mutter von Andromeda herbeigeeilt. Sie bereuten, dass sie eingewilligt hatten ihre Tochter zu opfern und lösten ihre Fesseln. Perseus, bezaubert von dem Anblick des schönen Mädchens, bat den Vater um die Hand seiner Tochter. Er war der Befreier des Landes. Er hatte Andromeda vor dem Tod gerettet. Gern also stimmte der König zu, dass Andromeda und Perseus heirateten. Es wurde ein prächtiges Hochzeitsfest mit vielen Gästen ausgerichtet. Plötzlich jedoch schallten Geräusche wie von klirrenden Waffen vom Eingang des Saals her. Mit einer großen Schar seiner Krieger drang Phineus, der Bruder des Königs, herein.

Er rief: »Ich habe die älteren Rechte an meiner Nichte Andromeda. Ich habe längst vor diesem Fremdling um sie geworben. Du hast sie mir zur Gattin versprochen, mein Bruder. Ich fordere von dir die Erfüllung deines Versprechens.«

Der König antwortete: »Es ist wahr, ich habe dich als Freier nicht abgewiesen. Aber was hast du getan, als Andromeda an den Felsen gefesselt darauf wartete, von dem Meeresfisch verschlungen zu werden? Wo war denn der, der meine Tochter zur Frau begehrte? Wenn Perseus nicht geholfen hätte, wäre Andromeda längst tot, zerrissen von dem Untier. Du aber, Bruder, bist feige geflohen. Du hast das Recht verwirkt, meine Tochter zu heiraten.«

Als Antwort auf diese Rede schleuderte Phineus seine Lanze gegen Perseus. Mit einem schnellen Sprung zur Seite konnte er der tödlichen Waffe ausweichen. Sie traf einen Diener mitten in die Stirn. Es hob nun ein großes Streiten an und viele auf beiden Seiten sanken tot oder verwundet zu Boden. Umringt von Phineus' Gefährten kämpfte Perseus. Doch so viele der Gegner er auch niederschlug, zu zahlreich waren die Krieger, die Phineus aufgeboten hatte.

Nicht mehr lange konnten die Freunde des Königs der Übermacht standhalten. In der höchsten Not riss Perseus das Medusenhaupt aus seinem Beutel und streckte es den Feinden entgegen. Er rief Andromeda und allen zu, die an seiner Seite kämpften: »Schaut weg! Schaut weg, wenn ihr nicht euer Leben verlieren wollt.«

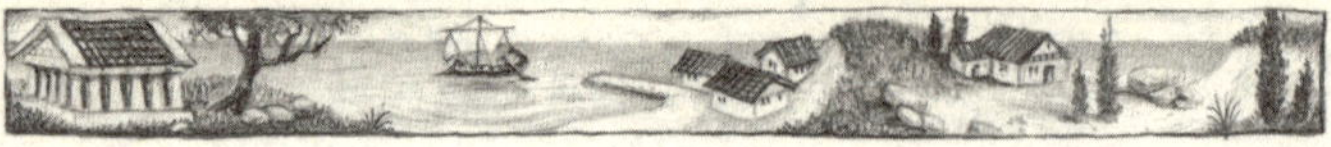

Die Kriegsleute, die mit Phineus gekommen waren, erstarrten zu Stein, die einen hielten noch die Waffen erhoben, die anderen hatten abwehrend die Arme vorgestreckt.

Verzweifelt rief Phineus seine Freunde mit Namen, doch keiner mehr konnte den Mund zu einer Antwort öffnen. Da packte Phineus die Angst. Am ganzen Leib zitternd, bat er um Gnade. Doch auch er erlitt das Schicksal seiner Krieger. Er wurde ein steinernes Standbild, das verzweifelt die Arme reckte. Der König ließ diese Figur in seinem Palast stehen. Sie sollte denen eine ständige Mahnung sein, die ihre Liebe schmählich verrieten, um ihr eigenes Leben zu retten.

Perseus fand endlich zu der Insel Seriphos zurück. Seine Mutter und der Fischer Diktys hatten Zuflucht im Tempel der Athene gesucht, um sich vor Polydektes zu schützen. Perseus trat vor den König und wollte ihm statt des Pferdes, das jener von ihm gefordert hatte, das Gorgonenhaupt übergeben.

Polydektes nahm ihn nicht freundlich auf. Seine Wächter und er richteten ihre Waffen gegen Perseus und Andromeda. Noch ein letztes Mal nutzte Perseus das Medusenhaupt. Die Insel wurde ein Fels im Meer. Man sagt, wenn der Wind über die Berge hinweht,

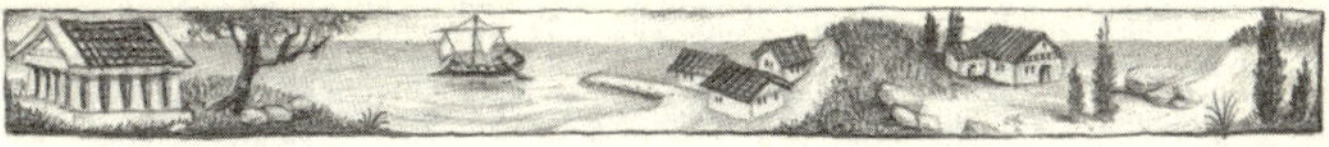

könne man das Seufzen der versteinerten Bewohner hören. Perseus machte Diktys zum König über das Eiland. Er weihte das Haupt der Medusa der Göttin, die ihm auf seinem gefährlichen Weg ein sicherer Schutz gewesen war. Pallas Athene trug seitdem das Haupt zum Schrecken und Verderben ihrer Gegner vorn auf ihrem Panzer.

Perseus aber wandte mit seiner Mutter und seiner Frau der Insel den Rücken. Er wollte nach Argos zu seinem Großvater, und weil sich alles zum Guten gewendet hatte, wollte er sich mit Akrisios versöhnen. Doch der war aus Furcht vor dem Orakel, das ihm den Tod von der Hand des Enkels vorausgesagt hatte, zu einem Freund in das Land der Pelasger geflohen. Als Perseus dort ankam, fanden gerade die berühmten Wettspiele statt. Perseus wollte sich daran beteiligen. Er nahm die Diskusscheibe und schleuderte sie. Doch sie glitt ihm aus der Hand und traf Akrisios. Tot sank er nieder. Danae erkannte den Vater und warf sich weinend über ihn. Die Wettkämpfer aber sahen, dass niemand dem Spruch des Orakels entfliehen konnte, und ein Schauder lief ihnen über den Rücken.

Akrisios wurde würdig bestattet. Perseus jedoch trat das Erbe nicht an. Er wollte nicht in Argos bleiben, wo seine Mutter und er so schwere Zeiten ertragen hatten.

Er tauschte das Land gegen ein anderes ein. Es heißt, dass Andromeda und er inmitten einer großen Kinderschar noch viele glückliche Jahre miteinander leben durften.

Herakles

Alkmene wuchs als einziges Mädchen unter acht Brüdern auf. Ihr Vater war Elektryon, der König in Tiryns und Mykene und ein Sohn des Perseus. Alkmene sollte die Frau des Amphitryon werden. Auch dessen Stammvater war Perseus. Eines Tages überfiel König Pterelaos mit seinen sechs Söhnen und einer Vielzahl von räuberischen Seefahrern Elektryons Land und wollte es in seine Hand bringen. Pterelaos galt als unbesiegbar. Es hieß, der Gott der Meere, Poseidon, sei sein Großvater. Der habe ihm eins seiner goldenen Haare geschenkt. Solange Pterelaos im Besitz dieses Haares sei, könne ihn niemand überwinden.

Ein blutiger Krieg entbrannte. Sieben der acht Brüder Alkmenes kamen im Kampf ums Leben, aber auch Pterelaos verlor bis auf einen alle seine Söhne. Es gelang ihm nicht, die Königsstadt Mykene einzunehmen. Er gab auf und wollte sich zu seinen Schiffen zurückziehen, die an der Küste vor Anker lagen. Die Viehherden des Königs trieb er mit sich. Elektryon machte sich auf die Räuber zu verfolgen. Er beauftragte Amphitryon, die Stadt während seiner Abwesenheit zu verwalten und Alkmene in seinen Schutz zu

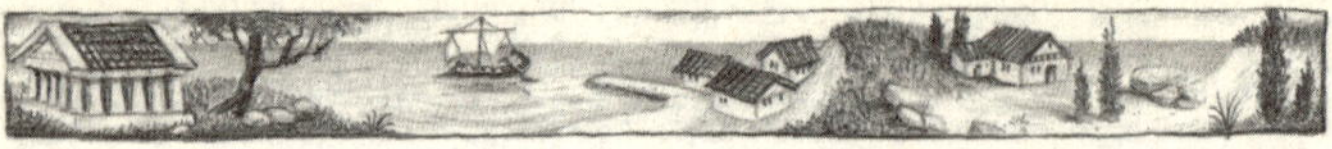

nehmen. Amphitryon erfuhr, Pterelaos hätte die geraubten Herden nicht auf seine Schiffe verladen, sondern sie bei dem König von Elis untergebracht. Da Amphitryon keinen neuen Streit vom Zaun brechen wollte, kaufte er die Herden zurück. Auf dem Rückweg zur Königsstadt versetzte ihn eine Kuh in Wut. Mehrmals versuchte sie aus der Herde auszubrechen und davonzulaufen. Zornig warf er mit einer Keule nach dem Tier. Das Unglück wollt es, das Elektryon sich ebenfalls gerade der Herde näherte. Die Keule prallte von einem Horn der Kuh ab und traf den König so hart, dass er den Tod fand.

In Mykene wurde Amphitryon von vielen Bürgern als Königsmörder angesehen. Deshalb machte er sich auf und wollte eine andere Heimat für sich und Alkmene suchen.

Er schwor: »Ich räche den Tod der sieben Söhne des Elektryon. Alkmene werde ich nicht berühren, bis die Rache an Pterelaos vollzogen ist.« Sein Onkel Kreon, König in Theben, nahm die beiden auf.

Amphitryon sammelte Gefährten, die mit ihm auf die Inseln der Seeräuber segeln wollten, um Pterelaos zu bekriegen. Abenteuerlust und die Aussicht auf reiche Beute lockten viele junge Männer mit ihm zu ziehen. Zunächst aber schlich sich Amphitryon allein in die

Stadt des Pterelaos. Die Tochter des Königs sah ihn und verliebte sich in ihn. Er verlangte von ihr als Zeichen ihrer Liebe das goldene Haar, das ihren Vater schützte. Sie stahl es und brachte es zu Amphitryon. Als Pterelaos den Verlust bemerkte, ahnte er, dass das Schicksal sich gegen ihn gewendet hatte. Amphitryon nahm blutige Rache und machte sich auf den Weg zurück nach Theben.

Kurze Zeit, bevor er bei Alkmene eintraf, trat in der Nacht Zeus in ihre Kammer. Er hatte die Gestalt des Amphitryon angenommen und berichtete Alkmene, dass er den Racheschwur eingelöst habe. Zum Zeichen des Sieges schenkte er ihr einen goldenen Becher und ein kostbares Halsband. Es wurde eine lange Hochzeitsnacht; denn in seiner Macht als Unsterblicher bewirkte Zeus, dass der Mond dreimal seine Runde am Himmel zog, bis es endlich wieder tagte. In dieser langen Nacht wurde Herakles gezeugt. Zeus aber verließ Alkmene.

Am Abend darauf kehrte Amphitryon zurück. Alkmene erkannte, dass sie betrogen worden war.

Auch Hera war die Untreue ihres Gatten Zeus nicht verborgen geblieben. Zeus rief zu der Zeit, als Alkmene sein Kind zur Welt bringen sollte, die Götter zusammen und kündigte ihnen an: »Es wird bald ein

Sohn aus meinem Blut geboren. Er soll viel Macht bekommen und der Herrscher über Tiryns und Mykene werden und Könige werden ihm dienen.«
Hera verbarg ihren Zorn und sagte: »Nur wenn du uns schwörst, dass der erste Sohn, der geboren wird und von dir abstammt, wirklich der Herr über viele sein wird, nur dann wollen wir dir glauben.«
Arglos schwor Zeus. Er konnte nicht wissen, dass Hera sich eine List ausgedacht hatte. Denn zur selben Zeit ging Nikippe, die Tochter des Pelops in Argos, schwanger. Auch sie erwartete ein Kind von Zeus. Sie war erst im siebten Monat. Hera beredete die Geburtsgöttinnen, dass Nikippe mit einer Frühgeburt niederkommen sollte. Pelops Tochter brachte also vor Alkmene ihr Kind zur Welt. Der Junge wurde Eurystheus genannt. Kurz darauf wurde Herakles geboren. Zeus wollte seinen Schwur nicht brechen. So kam es, dass Herakles später dem Eurystheus dienen musste.
Zeus aber liebte Herakles mehr als alle Kinder, die er mit den Sterblichen gezeugt hatte. Auch das spürte seine Frau Hera. Voller Hass und Eifersucht schickte sie zwei Würgeschlangen nach Theben, die den Kleinen in seiner Wiege ersticken sollten. Doch gerade dieser heimtückische Plan brachte es zu Tage, dass Herakles unter dem besonderen Schutz des höchsten Gottes

stand. Als die Schlangen sich nämlich um seinen Körper wanden, packte Herakles sie hinter den Köpfen und drückte ihnen die Luft ab. Sie selbst verendeten genau so, wie Herakles durch sie umkommen sollte. Der Junge schrie laut. Alkmene und Amphitryon liefen in das Zimmer. Amphitryon zog sein Schwert, als er die großen Schlangen sah. Doch die hingen schon schlaff und ohne Leben in den Fäusten des Kindes.

Amphitryon erkannte nun, dass da ein ganz besonderer Mensch in der Wiege lag. Er ließ den Wahrsager Teiresias rufen. Teiresias sagte voraus: »Dieses ist ein Kind, das einst viele Heldentaten vollbringen wird. Ja, die Götter werden ihn einst als ihresgleichen in den Olymp rufen.«

Zwar ahnte Amphitryon, dass nicht er der wirkliche Vater des Kindes sein konnte, aber er nahm Herakles als Pflegesohn an und ließ ihn sorgfältig erziehen. Für alles, was ein Königssohn können musste, bestellte er die besten Lehrer im ganzen Land. Herakles wurde ein gelehriger Schüler. Wagenrennen und Bogenschießen, Ringen und Schwertkampf, das Musizieren auf der Leier, ja, sogar das Lesen waren ihm schließlich geläufig. Eines nur konnten ihm seine Lehrer nicht austreiben. Manchmal wurde Herakles jähzornig und er war dann wie von Sinnen. Er tat unbedacht schlim-

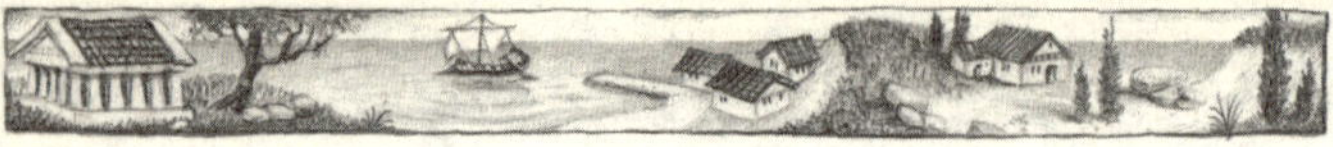

me Dinge. Einmal bestrafte ihn sein Lehrer Linos. Das empfand Herakles als ungerecht. Er hob einen Stuhl gegen den alten Lehrer und erschlug ihn.
Sicher, später bereute er bitter seine Tat. Doch er musste vor den Richter Rhadamanthys treten. Der galt als weiser Mann und ließ Gnade vor Recht ergehen. Er urteilte: »Herakles hat sich gegen einen Angriff des Lehrers gewehrt. Verteidigung zieht aber keine Strafe nach sich. Deshalb darf es von der Sippe des Lehrers keine Blutrache geben. Herakles wird freigesprochen.«
Amphitryon jedoch wollte weiteren Schwierigkeiten mit seinem Pflegesohn aus dem Weg gehen. Er schickte ihn in die Einsamkeit zu den Hirten, die seine Rinder bewachten. Dem Wind und dem Wetter war der Königssohn ausgesetzt, schwarzes Brot und Quellwasser zählten zu seiner Hauptnahrung und oft genug musste er sich mit einem harten Nachtlager begnügen. Herakles wuchs zu einem ungewöhnlich großen und starken Mann heran.
Der Reichtum der Eltern und die Annehmlichkeiten des Königshofs hätten ihm später ein Leben in Luxus ermöglicht. Die köstlichsten Speisen und die erlesensten Weine standen für ihn bereit. Niemand würde ihn dort auffordern zu arbeiten, wohl kaum jemand hätte

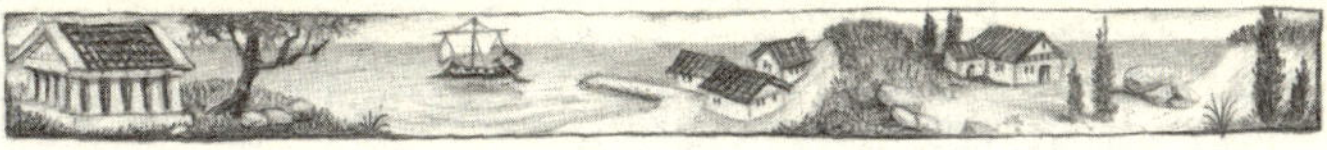

an einem Lotterleben des Königssohns Anstoß genommen. Herakles entschied sich aber anders. Er wollte seine Tage nicht mit unnützem Zeitvertreib vertändeln. Bei den Hirten hatte er erkannt, dass es besser ist, den Sinn des Lebens nicht darin zu suchen, jedem Wunsch und jeder Lust und Laune nachzugeben. Die Sorge für die Herde hatte ihn gelehrt die Arbeit zu tun, die nötig ist, damit es den anvertrauten Tieren gut geht.

Nach einigen Jahren wollte er erkunden, wie die Welt jenseits der Weidegründe aussah. Weil er nicht waffenlos aufbrechen wollte, schnitzte er sich aus dem Wurzelstock eines Ölbaums eine Keule. Sein Ziel war das Kithairongebirge. Er kam in die Gegend der Stadt Thespiai. Dort klagten die Menschen über einen Löwen, der in die Herden einfiel und großen Schaden anrichtete. Herakles stellte dem Räuber nach und, was keinem zuvor gelungen war, er konnte ihn zur Strecke bringen. Er zog ihm das Fell ab und machte sich einen Umhang daraus. Wie ein Held wurde er gefeiert.

Auf dem Weg nach Theben begegneten ihm bewaffnete Boten, die auch in die Stadt wollten. Jedes Jahr sandte König Erginos sie aus, um von den Thebanern einen Tribut einzufordern. Es hatte nämlich ein Thebaner beim Fest des Poseidon den Vater des Königs Erginos umgebracht. Zwanzig lange Jahre sollten jeweils hun-

dert Kühe als Sühne gezahlt werden. Als die Boten erfuhren, dass Herakles in Theben lebte, verspotteten sie ihn. »Ihr Thebaner seid ein schwaches Volk«, sagten sie. »Und Kreon, euer König, ist ein Schwächling.«
Erbost überwältigte Herakles die Boten. Er schnitt ihnen die Ohren ab und schickte sie ohne den fälligen Tribut in ihr Land zurück. Als sein Onkel Kreon davon hörte, machte er Herakles Vorwürfe. »Erginos wird Land und Stadt mit Krieg überziehen«, sagte er. »Wir sind darauf nicht vorbereitet und haben viel zu wenig Waffen. Dein unbedachtes Handeln stürzt uns ins Unglück.«
König Erginos forderte König Kreon auf den Täter auszuliefern, der seinen Boten so übel mitgespielt habe. Kreon war dazu bereit. Herakles aber sammelte mutige Gefährten um sich. Er flehte Athene um Hilfe an. Die Göttin rüstete die Schar mit Waffen aus, die in ihrem Tempel als Weihegaben gestiftet worden waren. Auch Amphitryon wollte seinem Pflegesohn zur Seite stehen und zog mit der kleinen Schar dem Heer des Königs Erginos entgegen. Die Thebaner erwarteten die Feinde in einer engen Schlucht. Dort konnte Erginos mit der großen Zahl seiner Kämpfer wenig ausrichten. Als er selbst im Kampf umkam, stoben seine Männer in wilder Flucht davon. Herakles verfolgte

sie, eroberte ihre Königsburg und legte sie in Schutt und Asche. Viele von denen, die ausgezogen waren, um König Kreon wieder gefügig zu machen und den Tribut einzufordern, fanden den Tod. Doch auch die Thebaner hatten Tote zu beklagen. Herakles trauerte um seinen Pflegevater Amphitryon, der in der Schlacht gefallen war.

Schnelle Läufer hatten die Kunde von dem Sieg schon nach Theben getragen. Herakles wurde dort mit Freuden empfangen. Kreon, des Königtums müde, übergab die Herrschaft an Herakles und vermählte ihn mit seiner Tochter Megara.

Die Götter liebten Herakles. Sie rüsteten ihn mit wertvollen Waffen aus. Von Hermes erhielt er ein Schwert, Apollon schenkte ihm Bogen und Pfeile und der Schmied Hephaistos fertigte für ihn einen prächtigen Köcher.

Die Götter taten das alles auch, weil sie auf Herakles große Hoffnungen für ihr eigenes Schicksal setzten. Es war ihnen nämlich vorausgesagt worden, dass Gaia, die Mutter und Schöpferin der Erde, sich an ihnen rächen wollte, weil Zeus die Titanen in den tiefsten Winkel der Unterwelt, in den Tartaros, verbannt hatte. Die Titanen aber waren Gaias ältere Kinder. Mit den Giganten, die auch aus ihr hervorgegangen waren, hoffte

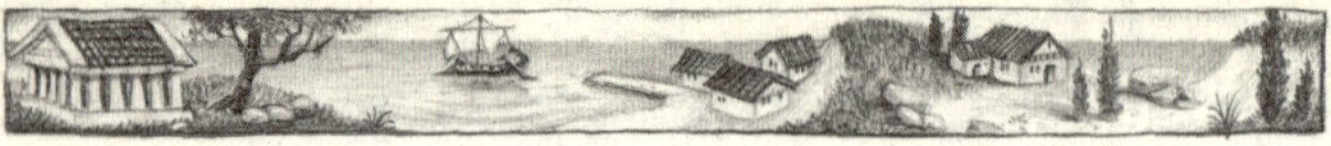

Gaia Zeus und die Olympier in die Knie zu zwingen. Die Götter glaubten der Prophezeiung, dass nur einer aus dem Menschengeschlecht ihnen in diesem Kampf zum Siege verhelfen konnte. Sie wollten Herakles rufen, wenn Gaia die Giganten heranführte.
Auch nach Tiryns und Mykene war die Kunde vom Ruhm des Herakles gedrungen. Da erinnerte sich König Eurystheus daran, was Zeus geschworen hatte: Herakles musste ihm dienstbar sein. Also sandte er Boten nach Theben und forderte Herakles auf nach Mykene zu kommen und ihm den Untertaneneid zu schwören.
Das wollte Herakles aber ganz und gar nicht. Er machte sich auf den Weg nach Delphi und befragte das Orakel, was zu tun sei. Pythia, die Priesterin des Apollon, verkündigte ihm in einem Spruch: »Ein Schwur ist ein Schwur. Daran ist selbst Zeus gebunden. Um wie viel mehr musst du dein Schicksal annehmen. Es gibt nur einen Weg, dich freizukaufen. Wenn du zwölf Taten vollbringst, die Eurystheus von dir verlangt, dann bist du von aller fremden Herrschaft erlöst.«
Herakles rebellierte gegen sein Geschick. Er wurde von einer maßlosen Raserei erfasst und kämpfte gar gegen seine eigenen Freunde. Wenn er in Stunden, in denen er zur Besinnung kam, erkannte, was er ange-

richtet hatte, versank er in tiefe Mutlosigkeit. Er floh in die Einsamkeit. Bei den Hirten besserte sich sein Zustand ganz allmählich. Schließlich beschloss er sich dem Willen der Götter zu fügen und das zu tun, was Eurystheus von ihm erwartete.

Dem König Euristheus war es nicht recht, dass neben ihm einer lebte, den das Volk wegen seiner Heldentaten bewunderte. Gern hätte er Herakles für immer aus seinem Land weg in die Unterwelt geschickt. Deshalb dachte er sich eine Aufgabe aus, die in seinen Augen den sicheren Tod bedeutete. Er sagte zu Herakles: »Die Straße nach Korinth führt über einen Gebirgszug. In den Bergschluchten befinden sich viele Höhlen. In einer solchen haust ein Löwe, der die ganze Gegend in Angst und Schrecken versetzt. Du sollst dieses Tier töten und seinen Kadaver zu mir bringen. Das ist deine Aufgabe.«
Herakles war es bekannt, dass das gefürchtete Tier nicht irgendein Löwe war. Die Menschen dort hatten dem Gott die angemessene Verehrung verweigert. Zur Strafe war das Tier in jenen Landstrich geschickt worden. Der Löwe war ein Bruder der schrecklichen Sphinx. Es hieß, er sei unverwundbar. Keine Waffe könne ihn verletzen. Herakles dachte: Die Götter sind

mit mir, warum soll es mir nicht gelingen, den Löwen zu überwinden?
Er zog also los. Schon war er in dem Bereich, in dem die Menschen vor dem Tier zitterten. Er übernachtete bei einem Bauern namens Molorchos. Der nahm ihn freundlich auf. Als Molorchos hörte, dass Herakles auf der Suche nach dem Löwen war, sagte er zu ihm: »Das Untier hat meinen Sohn getötet. Ich will den einzigen Widder, den ich noch besitze, dem Gott opfern, damit er deinem Plan günstig gesinnt ist.«
Herakles jedoch bat ihn: »Mit diesem Opfer warte dreißig Tage. Wenn ich bis dahin nicht aus den Bergen zurückgekommen bin, dann bringe den Widder als Totenopfer für mich dar. Kehre ich aber als Sieger zurück, dann wollen wir gemeinsam dem Zeus ein Dankopfer weihen.«
Im Geheimen wurde unter den Landbewohnern von Mund zu Mund weitergegeben, dass der Löwe nicht mit Waffen zu erlegen sei. Doch wenn einer es wage, ihn mit bloßen Händen zu erwürgen, dann sei er vielleicht zu überwinden.
Diese Vermutung teilte Molorchos dem Herakles mit. Auch verriet er ihm, dass die Höhle des Löwen zwei Ausgänge besitze, einen diesseits, den anderen jenseits des Berges. Manche mutigen Männer hätten schon vor

dem einen Höhlenloch auf den Löwen gewartet, doch er habe sich dann von hinten an sie herangeschlichen und sie mit einem einzigen Hieb seiner mächtigen Tatze erschlagen.
Am nächsten Morgen machte Herakles sich auf. Er fand nach der Beschreibung des Bauern die Höhle bald. Mit Felsgestein und Dornenzweigen verschloss er den Eingang des Schlupfwinkels und stieg über den Berg zu dem anderen Loch. Er wickelte sich seinen Umhang fest um den Arm. Als der Löwe mit einem gewaltigen Sprung aus der Höhle auf ihn zuschoss, traf Herakles ihn mit der Keule. Der Löwe stürzte zu Boden. Mit aller Kraft würgte er das Tier. Die schon kraftloseren Bisse konnten ihn nicht verletzen, weil er sich mit dem Umhang geschützt hatte. Endlich blieb dem Löwen die Luft weg und das Land war von der Plage befreit.
Dem Bauern Molorchos aber schickte Herakles zum Dank für seinen guten Rat ein wertvolles Maultier.
Mit der Beute auf dem Rücken kehrte Herakles zu Eurystheus zurück. Den packte das blanke Entsetzen, als Herakles ihm den Löwen vor die Füße warf. Der König verbot ihm in Zukunft den Palast zu betreten. Es genüge, wenn Herakles am Tor warte und dort vermelde, wenn er eine der weiteren Aufgaben gelöst habe.
Herakles versuchte vergebens dem Löwen das Fell ab-

zuziehen. Selbst die schärfsten Messer konnten nicht in den Körper des Tieres eindringen. Schließlich versuchte es Herakles mit den Krallen des Löwen. Das gelang. Herakles war stolz auf seine Tat. Er ließ das Fell gerben und trug es als Umhang. Den Kopf des Löwen setzte er als Helm auf. Nie mehr trennte er sich von diesem Siegeszeichen.

Eurystheus aber hielt eine zweite Aufgabe für Herakles bereit.

Nicht weit von der Stadt Argos entfernt, hüteten eine Schlange und ein Riesenkrebs bei der Quelle Amymone den Eingang zur Unterwelt. Diese riesige Schlange fraß immer wieder Tiere aus den Herden in jener Gegend. Schon mancher kühne Mann hatte versucht sie zu vertreiben. Aber selbst wenn es gelang, ihr einen der vielen Köpfe abzuschlagen, wuchsen sogleich an dieser Stelle zwei neue nach. Die Schlange, so sagte man, sei nicht zu besiegen, auch weil ihr Atem ein todbringendes Gift sei.

Herakles bat seinen Freund Iolaos ihn in seinem Kriegswagen zu begleiten. Vor der Höhle angekommen, schoss Herakles Brandpfeile hinein. Die Schlan-

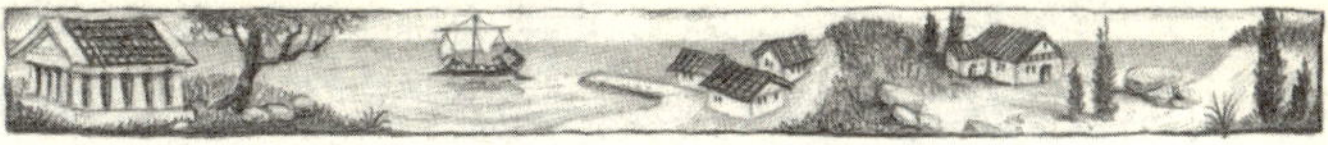

ge fuhr heraus. Herakles würgte sie und schlug ihr mit seinem Sichelschwert einen um den anderen Kopf ab. Aber es geschah, wie man ihm gesagt hatte, die Köpfe wuchsen doppelt nach. Auch schlang das Untier seinen Schwanz um ein Bein des Herakles. Als er auch dann nicht zu Boden fiel, kam der Riesenkrebs der Schlange zu Hilfe und verbiss sich in den Fuß des Herakles. Mit einem gewaltigen Schwertstreich tötete er den Krebs.

Nun sprang Iolaos dem bedrängten Freund bei. Er hatte aus einem Kohlenmeiler glühende Baumstämme herausgerissen. Jedes Mal, wenn Herakles der Schlange einen Kopf abgeschlagen hatte, brannte Iolaos diese Stelle mit der Glut der Stämme aus. Nun konnte nichts mehr nachwachsen. Die Schlange wurde von Herakles getötet. Er benetzte mit ihrem giftigen Blut seine Pfeilspitzen. So wurden Pfeil und Bogen für Herakles zu einer gefährlichen Waffe. Kein anderer Sterblicher besaß eine ähnliche.

Die Götter hatten schon zuvor den Löwen in einem Sternbild verewigt. Von dieser Zeit an prangten auch die Bilder des Krebses und der Schlange als Sternengefunkel am nächtlichen Himmel.

Eurystheus musste wiederum feststellen, dass sein Plan, Herakles dem Tod auszuliefern, fehlgeschlagen war.

Die dritte Aufgabe erschien Herakles leicht. Eurystheus forderte von ihm, dass er die Hirschkuh mit dem goldenen Geweih lebend herbeischaffen sollte. Die Hirschkuh stand unter dem besonderen Schutz der Göttin Artemis. Sie war so schnell, dass bislang kein Sterblicher sie erjagen konnte. Die Gefahr, das herrliche Tier erbeuten zu wollen, lag darin, dass der Jäger der Jagdleidenschaft ganz und gar verfiel. Keinen anderen Gedanken konnte er mehr fassen, als die Hirschkuh zu erlegen. Sein Leben endete oft durch diese tödliche Sucht in der Unterwelt.

Herakles hatte die Spuren der Hirschkuh bald im Gebirge an der Grenze des Landes Argos entdeckt und nahm die Verfolgung des Tiers auf. Immer wieder sah er das goldene Geweih in der Sonne aufblitzen. Auf der Fährte der Hirschkuh durchstreifte er weite Landstriche. Oft kam er ihr so nahe, dass sie in die Reichweite seines Bogens kam. Doch er sollte sie ja unverletzt zu Eurystheus bringen.

Ein ganzes Jahr lang hetzte er der Hirschkuh nach. Er gab nicht auf, auch als sie der Unterwelt zustrebte. Wollte sie ihn in das Reich der Schatten locken, aus dem es für einen Sterblichen keine Wiederkehr mehr gab? Sollte Eurystheus so sein Ziel erreichen, Herakles zu verderben? Jedenfalls sprang er der Hirschkuh

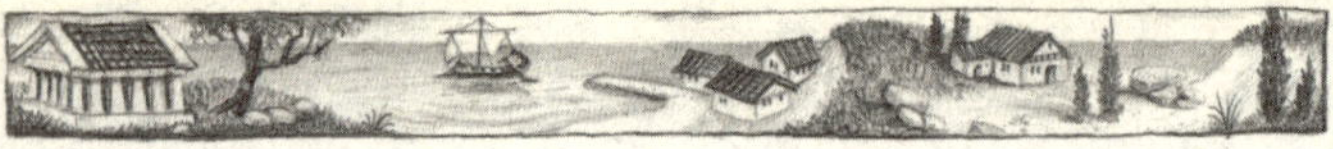

nach, als sie den Fluss Ladon durchschwimmen wollte. Am anderen Ufer begann das Jenseits. Doch bevor das Tier dort angekommen war, holte Herakles es ein und brachte es zurück an das Ufer dieser Welt. Er fesselte der Hirschkuh die Läufe, lud sie sich auf den Rücken und konnte sich endlich auf den Rückweg zu Eurystheus machen. Er war noch nicht weit gekommen, als Artemis ihm zornig in den Weg trat.

»Was hast du meinem Tier angetan?«, herrschte sie ihn an. Doch Herakles berief sich auf das Orakel von Delphi und antwortete: »Die Götter haben es mir gesagt, dass ich die Aufgaben lösen muss, die Eurystheus mir stellt. Soll ich mich dem Befehl aus dem Olymp widersetzen?«

»Du hast mein Lieblingstier getötet. Das werde ich nicht straflos hinnehmen.«

»Lege deinen Finger, oh Göttin, an den Hals meiner Beute. Dann spürst du ihren Herzschlag. Ich habe die Hirschkuh nicht verletzt. Lebend werde ich sie zu Eurystheus bringen.«

Artemis erkannte, dass Herakles die Wahrheit sprach, und ließ sich versöhnen. Eurystheus hatte ein ganzes Jahr lang nichts von Herakles erfahren. Er hoffte, nun habe er endlich sein Ziel erreicht, Herakles zu vernichten. Doch dann stand der Todgeglaubte vor dem Tor des Palastes und legte ihm das Tier zu Füßen.

Diese Aufgabe war für Herakles zu leicht, dachte Eurystheus. Aber da gibt es doch in den Bergen von Erymanthos ein viel gefährlicheres Tier, jenen wilden Eber, den Artemis als Strafe aussendet, wenn sie mit den Opfergaben der Menschen nicht zufrieden ist. Und der König trug Herakles auf ihm dieses Tier der Göttin unversehrt nach Mykene zu bringen.
Auf dem Weg ins Gebirge traf Herakles auf Kentauren, jene Wesen, halb Mensch, halb Pferd, die in unwegsamen Landstrichen hausten. Pholos lud Herakles in seine Höhle ein und setzte ihm einen Braten vor. Er selbst aß das Fleisch roh.
»Ein saftiger Bissen«, lobte Herakles. »Es fehlt zu einem guten Mahl nur noch ein Schluck Wein.«

»Dionysos hat uns einen großen Deckelkrug Wein geschenkt. Aber der gehört allen Kentauren«, sagte Pholos. »Öffne den Krug«, bat Herakles. »Der Duft des Weins wird die anderen Kentauren schon herbeilocken.«
Pholos schenkte von dem Wein aus. Es dauerte nicht lange, bis sich auch die Kentauren in der Höhle versammelt hatten und tranken. Doch sie kannten das Getränk nicht und tranken hastig und viel. Sie gerieten in Hitze und brachen einen Streit vom Zaun. Herakles kam Pholos zu Hilfe, der von einer Gruppe von Kentauren hart bedrängt wurde. Sie schleuderten Steine nach Herakles und suchten ihn mit ihren Pferdehufen zu schlagen.
Herakles geriet in Zorn, schoss seine Pfeile gegen die wilden Kentauren und verfolgte sie, als sie die Flucht ergriffen. Bis zur Höhle des Kentauren Chiron rannten sie. Dieser galt als weise und friedfertig. Herakles zielte mit einem Giftpfeil auf Elatos, der die anderen Kentauren immer wieder zum Streit aufwiegelte. Elatos versuchte auszuweichen. Der Pfeil ritzte nur seinen Arm und traf Chiron am Knie.
Herakles wollte dem Kentauren helfen, legte auch Heilkräuter auf die Wunde, die Chiron selbst gesammelt hatte, aber die Wunde heilte nicht. Chiron litt große Schmerzen und wünschte sich den Tod. Doch das

Sterben wurde ihm verweigert. Herakles versprach ihn von seinen Qualen zu erlösen. Es dauerte jedoch lange Zeit, bis Herakles sein Versprechen einlösen konnte.
Als Herakles zu Pholos zurückkehrte, rang auch der mit dem Tod. Er hatte einem anderen Kentauren, der von Herakles getroffen worden war, den Pfeil aus der Wunde gezogen. Dabei hatte er sich selbst eine kleine Verletzung zugefügt. Das Gift der vielköpfigen Schlange brachte ihm den Tod. Herakles trauerte um den gastfreundlichen Pholos und bestattete ihn wie einen Freund.
Der wilde Eber war bald aufgespürt. Er versuchte sich im dichten Unterholz zu verbergen. Aber Herakles jagte ihn durch Berg und Tal und trieb ihn endlich in ein weites Schneefeld. Erschöpft ließ sich der Eber mit einer Schlinge fangen. Herakles fesselte ihn und trug ihn bis vor den Palast des Eurystheus. Voller Furcht warf der nur einen kurzen Blick auf das gewaltige Tier, schlug sich die Hände vor die Augen und floh in den tiefsten Keller des Palastes. Es war ihm, als hätte er dem Tod selbst ins Angesicht geschaut.

Auch die folgende Aufgabe wurde von Herakles bewältigt. In einem weitläufigen Sumpfgebiet am See Stymphalos, dort, wo auch die Seelen der Toten auf

dem Weg in die Unterwelt vorbeikamen, gab es unzählige Vögel. Ihre Nahrung bestand aus Menschenfleisch. Scharf wie Messer waren ihre Flügel. Wenn sie auf ein Lebewesen herabstießen, fügten sie ihm tiefe Wunden zu.
Herakles stellte sich an den Rand des Sumpfes auf einen Hügel. Er schlug mit seinem Schwert gegen den Schild und machte einen tosenden Lärm. Die Vögel stoben auf. Er tötete viele von ihnen mit einer Schleuder. Die anderen flogen davon und kehrten nicht zurück. Es war eine so große Menge, dass die Sonne verdunkelt wurde.
Herakles brachte Eurystheus einige von den Vögeln.

Der König sandte ihn nun zu Augias, dem König von Elis. Augias war durch seine riesigen Viehherden reich geworden. Des Abends ließ er die Tiere immer in einen weitläufigen Stall treiben. Nie jedoch hatte er den Viehstall ausmisten lassen. Es hatte sich im Laufe vieler Jahre eine dicke Schicht Mist aufgehäuft und festgetreten. Eurystheus wollte Herakles demütigen und befahl ihm diesen Stall an einem einzigen Tage auszumisten. Wieder wollte er Herakles in die Nähe der Unterwelt bringen; denn man sagte, das Reich des Augias reiche bis in die Schattenwelt hinein. Auch wusste

niemand genau, ob der bestialische Gestank, der über dem Land lag, dem Mist oder den Dämpfen des Schattenreiches zuzuschreiben war.
Augias wunderte sich über den Mann, der ein Löwenfell als Umhang trug und den Löwenkopf auf sein Haupt gesetzt hatte. Und solch ein Mensch wollte den Mist wegschaffen? Er lachte über Herakles. Doch der sagte: »Wenn ich es schaffe, wirst du mir dann den zehnten Teil deiner Herden zum Lohn geben? Scheitere ich, dann will ich dir als Sklave dienen.«
Augias stimmte zu. Herakles öffnete alle Türen des Stalles und versperrte dem Fluss Alpheios mit einem Damm seinen Weg. Der Fluss hatte eine starke Strömung. Er floss den breiten, tief liegenden Pfad entlang, den die Tiere im Laufe der Jahre mit ihren Hufen ausgetreten hatten. Das Wasser schoss zur einen Seite in den Stall hinein und zur anderen wieder hinaus. Mit der Strömung wurde der Mist weggeschwemmt.
Augias bereute es, dass er Herakles so viele Tiere versprochen hatte. Er bestritt jemals eine solche Zusage gemacht zu haben und rief einen Richter um sein Urteil an. Ein Sohn des Augias, Phyleus mit Namen, war aber dabei gewesen, als die Absprache getroffen worden war. Er liebte die Wahrheit mehr als den Reichtum und sagte aus, was er gehört hatte. Voller Zorn

forderte Augias seinen Sohn und Herakles auf das Land Elis zu verlassen. Herakles und Augias trennten sich als Feinde.

Eurystheus bemängelte, Herakles habe ja das Ausmisten auch zum eigenen Vorteil nutzen wollen, und deshalb könne er die Aufgabe nicht anerkennen.
Er sollte nun nach Thrakien gehen. Dort besaß der König Diomedes vier gefährliche Rosse – Stuten, die mit Menschenfleisch gefüttert werden mussten. Deshalb machten alle Fremden einen weiten Bogen um Thrakien. Diese Pferde sollte Herakles nach Mykene bringen.
Diomedes war ein Sohn des Kriegsgottes Ares. Seine Stuten waren so ungebärdig, dass sie mit schweren Ketten an bronzene Krippen gebunden waren. Als Herakles trotz aller Warnungen zu Diomedes ging, wartete er nicht, bis der König seinen Kriegern befehlen konnte ihn zu töten. Vielmehr forderte Herakles ihn zum Kampf heraus. Er besiegte Diomedes und warf den toten König den Stuten zum Fraße vor. Von der Stunde an verloren die Tiere ihre Wildheit.
Ihr Futter war nun das Futter aller Pferde. Doch ihre Schnelligkeit und Schönheit behielten sie. Herakles nahm sie mit sich nach Mykene. Eurystheus weihte sie

der Gattin des Zeus und züchtete mit den Stuten neue Pferde, eine Rasse, die noch in späteren Zeiten bewundert wurde.

Jetzt musste Herakles nach Kreta segeln. Er sollte bei König Minos einen gewalttätigen Stier bändigen und nach Mykene schaffen. Eigentlich hatte der Meeresgott Poseidon sich den Stier als Opfertier ausersehen, doch Minos hatte den Gott mit einem anderen Rind zu täuschen versucht. Poseidon hatte zur Strafe den Stier mit besonderer Wildheit geschlagen. Kein Mensch konnte Herr über ihn werden und die Menschen in Kreta fürchteten sich vor ihm.
Minos begrüßte daher Herakles als Retter. Herakles warf dem Stier eine Schlinge über das Maul und verknotete sie fest. Dann stemmte er sich mit aller Kraft gegen das Tier, fasste es bei den Hörnern und zwang es zu Boden. Der Stier, einmal besiegt, verlor sein wildes

Wesen. Herakles nahm ihn mit auf das Schiff. An der Küste angekommen, konnte er sogar auf seinem Rücken nach Mykene reiten und es Eurystheus übergeben. Der befahl den Strick zu lösen, der das Maul des Tieres band. Da fand es zu seiner alten Kraft und Wildheit zurück. Es rannte davon und streifte weit durch das Land. Jahre später fing Theseus den Stier wieder ein und brachte ihn dem Apollon zum Opfer dar.

Die Tochter des Eurystheus, Admete mit Namen, brachte ihren Vater auf einen neuen Gedanken, Herakles einen Dienst abzufordern. Sie hatte gehört, dass die Amazonenkönigin Hippolyte einen wunderschönen Gürtel besaß, mit Edelsteinen verziert und mit Goldplättchen beschlagen. Es war ein wirklich göttliches Geschenk ihres Vaters Ares. Der Kriegsgott hatte seine Freude an den Amazonen.

Diese Frauen hatten sich zu Kriegerinnen ausgebildet. Sie ritten auf halbwilden Pferden. Damit sie beim Bogenschießen und im Kampf nicht behindert wurden, hatten sie sich die rechte Brust abgeschnitten. Mit der anderen nährten sie ihre Kinder. Aber nur die Mädchen behielten ihr Leben. Die Jungen wurden gleich nach der Geburt getötet.

Den kostbaren Gürtel der Hippolyte nun sollte Herak-

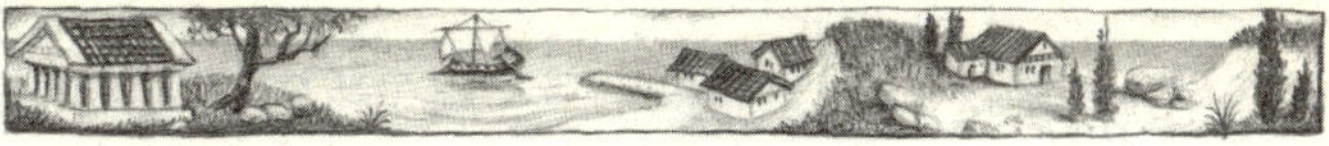

les als Nächstes nach Mykene schaffen. Herakles wollte nicht allein gegen die Amazonen ziehen. Er sammelte einige Männer um sich. Auch der junge Theseus gehörte dazu.

Es war ein weiter Weg bis zum Land der Amazonen am Schwarzen Meer. Doch die Schar kam glücklich an und landete an der Mündung des Flusses Thermodon. Die Amazonen hatten ihre Freude an den jungen, starken Männern und nahmen sie huldvoll auf. Hippolyte, die Königin der Amazonen, fand Gefallen an dem jungen Theseus. Vielleicht hätte sie Herakles den Gürtel sogar geschenkt. Aber damit war Hera, die immer noch den Zeussohn hasste, nicht einverstanden. Die Göttin nahm selbst die Gestalt einer Amazone an und verbreitete das Gerücht, die Männerschar wolle Hippolyte entführen. Die Amazonen waren bereit für ihre Königin in die Schlacht zu ziehen.

Sie kämpften zu Pferde. Die Gefährten des Herakles erwehrten sich der kampfgewohnten Frauen, so gut es gehen mochte. Herakles tötete viele Amazonen. Dennoch wäre die Schlacht von ihm und seinen Leuten wohl kaum zu gewinnen gewesen, doch dann fiel ihm die Schwester der Königin, Melanippe, in die Hände. Da befahl Hippolyte den Kampf zu beenden. Sie bot ihren Gürtel als Lösegeld für Melanippe. Herakles war froh, dass seine Fahrt zu den Amazonen ein solches Ende genommen hatte, bedankte sich für den Gürtel und segelte mit seinen Männern heim. Hippolyte aber begleitete Theseus und wurde seine Frau. Die Tochter des Eurystheus, Admete, war eine Priesterin der Hera. Sie brachte den wertvollen Gürtel als Weihegabe in den Tempel ihrer Göttin. Dort wurde er von vielen Menschen bewundert.

Immer schwerer wurden die Aufgaben, die Eurystheus sich ausdachte, immer weiter von Mykene entfernt lagen Länder, in die Herakles aufbrechen sollte. Jenseits der Meere lag Erytheia, die Insel der Abendröte. Dort lebte der Riese Geryones, ein Furcht erregendes Geschöpf. Sein Kopf, seine Glieder, sein ganzer Körper waren gleich dreifach da. Mit gewaltigen Flügeln konnte er sich in die Luft schwingen und, einem Adler gleich, auf seine Gegner herabstürzen. Er hatte eine Stimme, die lauter war als der Donner. Es heißt, er schrie bei Sonnenuntergang Menschen in den Tod. Geryones besaß eine große Rinderherde, glatte, rothäutige Tiere von besonderer Schönheit. Diese sollte Herakles rauben und nach Mykene treiben. Schreckliche Gefahren lauerten auf dem Weg durch Länder und Meere. In Libyen traf er auf den Riesen Antaios. Viele

Bewerber sprachen in seiner Königsstadt vor und baten um die Hand seiner schönen Tochter. Er aber wollte seine Tochter nur dem geben, der ihn im Ringkampf zu überwinden vermochte. Manche starken Männer hatten schon ihr Glück versucht, aber der Riese blieb stets der Sieger. Er war nämlich ein Sohn der Erde und des Gottes Poseidon. So lange er den Boden berührte, wuchsen ihm unüberwindliche Kräfte zu. Das Ende der Freier war grausam. Er ließ ihre Schädel rings auf den Mauern des Tempels aufspießen, der seinem Vater Poseidon geweiht war.

Herakles wich dem Ringkampf nicht aus. Er schlang seine Arme um den Riesen und hob ihn vom Boden. Da verließen Antaios seine Kräfte mehr und mehr. Herakles drückte ihm so lange die Luft ab, bis das Leben aus ihm wich.

Auf dem Weg zur Insel der Abendröte musste Herakles noch viele andere Abenteuer bestehen. Eines Abends erreichte er Erytheia. Die tief stehende Sonne übergoss die Insel mit ihrer roten Glut. Kaum hatte Herakles seinen Fuß ans Land gesetzt, da witterte ihn der zweiköpfige Hirtenhund Orthos. Der bleckte seine Zähne und sprang wütend auf Herakles zu. Doch ein Schlag mit der Keule setzte seinem Leben ein Ende. Von dem Gebell des Hundes war aber auch der

Hirte, der die Herde des Geryones hütete, herbeigelockt worden, ein riesiger Kerl von finsterem Aussehen. Herakles konnte auch ihn überwinden. Er begann damit, die Herde wegzutreiben.

In der Nähe hütete ein anderer Hirt die Herde des Gottes der Unterwelt. Durch ihn erfuhr Geryones vom Raub seiner Tiere und jagte Herakles nach. Drohend schwang er mit seinen drei rechten Armen Speere und mit den drei linken Armen trug er Schilde, um sich zu schützen. Herakles spannte seinen Bogen und schoss. Der Giftpfeil verwundete den Riesen und brachte ihm den Tod.

Herakles musste auf dem Weg zurück manchen Angriff auf die Herde abwehren. Doch er brachte sie sicher nach Mykene. Eurystheus hatte gehofft, Herakles würde nie mehr von dieser weiten Fahrt zurückkehren. Ihm wurde unheimlich zu Mute. Er getraute sich nicht die Rinder für sich zu behalten und opferte sie der Göttin Hera.

Jetzt forderte Eurystheus, Herakles habe für ihn die goldenen Äpfel der Hesperiden zu holen. Es war bekannt, dass kein Sterblicher je den Garten betreten hatte, in dem diese Äpfel wuchsen. Zwar war Herakles schon einmal bei der Jagd nach der Hirschkuh in die

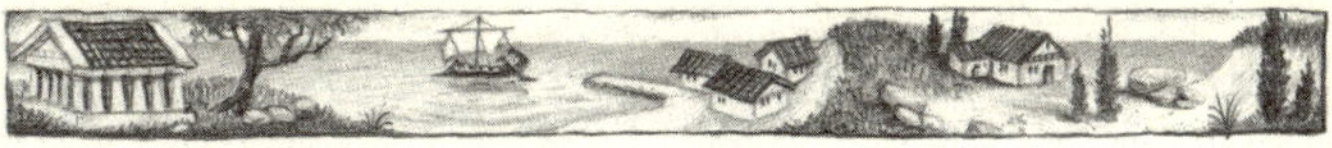

Nähe dieses Ortes gelangt, hatte sich aber gehütet, den Garten zu betreten. Die Mutter der Erde hatte den Apfelbaum Hera, der Königin der Götter, geschenkt, als sie Zeus heiratete.

Herakles wusste, dass er nicht aus eigener Kraft den Garten finden könne, und fragte die Nymphen um Rat. Die sagten ihm: »Den Weg zu den Hesperiden kennt der alte und weise Meergreis Nereus, der an der Mündung des Flusses Tartessos lebt. Aber ob er dir sein Geheimnis verrät, das wissen wir nicht.«

Es war so, wie die Nymphen vermutet hatten, Nereus wollte keine Auskunft geben. Aber Herakles umfasste ihn und rang mit ihm. Selbst als Nereus seine Gestalt wechselte und sich in eine Schlange verwandelte, ja, sogar als er zu einer feurigen Säule wurde, löste Herakles die Umklammerung nicht. Da sagte Nereus zu ihm: »Geh zum Kaukasos. Dort wirst du Prometheus finden. Der hilft dir weiter.«

Obwohl das ein langer Weg war, machte Herakles sich auf. Er traf auf den unglücklichen Prometheus, der von Zeus an einen Felsen gekettet worden war. Sobald der Morgen graute, kam ein Adler und fraß an seiner Leber. In der Nacht wuchs die Leber nach. Der Adler kam Tag für Tag. So wiederholten sich über lange Zeit die Qualen des Prometheus. Herakles legte einen Pfeil auf die

Sehne seines Bogens, und als der Adler heranflog, erschoss er ihn. Er erinnerte sich an den Kentauren Chiron, den er versehentlich mit seinem Pfeil verletzt hatte und der sich nichts sehnlicher wünschte als den Tod. Er rief nach ihm. Der Kentaure erklärte sich bereit, an Prometheus' Stelle angekettet zu werden. Prometheus war frei. Der Kentaure aber fand endlich die Erlösung von seinen Schmerzen und starb.

Prometheus riet dem Herakles aus Dankbarkeit, wie er an die goldenen Äpfel gelangen könne. Er sagte: »Mein Bruder Atlas ist von Zeus gezwungen worden das Himmelsgewölbe zu tragen. Von seinem Platz aus ist es nicht mehr weit bis zu dem Garten der Hesperiden. Doch gehe nicht selbst zu ihnen; denn das wäre ein Weg ohne Wiederkehr. Bitte meinen Bruder dir die goldenen Äpfel zu holen.«

Herakles tat, wie Prometheus ihm geraten hatte. Atlas schien auch bereit ihm den Gefallen zu erweisen. Aber Herakles musste an seiner Stelle das Himmelsgewölbe für die Zeit seiner Abwesenheit tragen. Atlas brachte die Äpfel, aber statt sie Herakles zu geben, legte er sie auf den Boden und verspottete ihn. »Nie mehr werde ich an deiner Stelle stehen«, sagte er. »Du wirst jetzt der sein, der in Ewigkeit den Himmel tragen muss.«

Herakles tat, als ob er sich in sein Los füge, doch bat er:

»Ich will tragen, was du mir auferlegst. Doch entlasse mich für einen Augenblick aus deinem Dienst, damit ich mir ein Polster auf die Schultern legen kann.«
Atlas stimmte zu. Kaum stemmte er wieder die Last des Himmelsgewölbes, da nahm Herakles die Äpfel und lief eilends davon.
In Mykene sah sich Eurystheus die Äpfel der Hesperiden zwar an, aber er weigerte sich sie auch nur zu berühren. Er fürchtete die Rache der Hera. Da brachte Herakles die goldenen Früchte in den Tempel und gab sie an Hera und Zeus zurück.

Eurystheus ahnte nun, dass Herakles zu den Göttern gehöre. Aber sicher war er nicht. Er dachte sich eine Aufgabe aus, bei der es ihn selbst schauderte. Sie war für jeden Menschen unlösbar. Herakles sollte zu Hades in das Reich der Schatten hinabsteigen und den Höllenhund Kerberos fesseln und herbeibringen. Kerberos war jenes mehrköpfige Wesen, das die Seelen in das Reich der Schatten bringen musste.
Kein Sterblicher durfte ohne Strafe den heiligen Bereich der Toten betreten und entweihen. Seit der Aufteilung der Welt herrschte dort als der höchste Gott Hades. Nach ihm wurde die Unterwelt auch oft Hades genannt. Seine Gattin war Persephone.

Um Hades nicht zu erzürnen, ließ sich Herakles von einem Priester der Göttin Demeter in die Geheimnisse einweihen, die er kennen musste, wenn sein Abenteuer überhaupt gelingen sollte. Auch klebte viel Blut an seinen Händen. Der Priester verhüllte das Haupt des Herakles, denn es war nicht erlaubt, seine Handlung zu beobachten. Er murmelte die Lösesprüche, die Herakles von der Blutschuld befreiten. Schließlich brach Herakles zu seiner letzten Fahrt auf, die ihm die Freiheit endgültig bringen konnte. Eurystheus wünschte Herakles den Tod und sprach viele Verwünschungen über ihn aus.

Der Süden des Peloponnes war eine Halbinsel mit tiefen Buchten. An deren äußerster Spitze, dem Tainaron, führte eine Höhle in die Unterwelt. Charon, der Fährmann, der die Seelen über den Fluss bringen musste, erschrak, als er Herakles erblickte. Seine Furcht war so groß, dass er Herakles in sein leichtes Rindenboot steigen ließ und ihn ans jenseitige Ufer brachte. Eine harte Strafe wurde später von Hades wegen dieser Tat über seinen Fährmann verhängt.

Kerberos lag am anderen Ufer. Er hatte eine sichere Witterung dafür, wen er von denen, die Charon herüberbrachte, in das Totenreich geleiten musste. Wandte sich aber ein Sterblicher beim Anblick des Kerberos

zur Flucht, dann schnappte er nach ihm und verschlang ihn. Das Entsetzen, das viele überkam, war nur zu verständlich. Kerberos war riesengroß, hatte drei Köpfe, fürchterliche Reißzähne und einen Schwanz, der aus lauter Giftschlangen bestand. Als Charons Kahn sich näherte, wedelte Kerberos schon erwartungsvoll mit dem Schwanz. Aber dann erkannte er, wen der Fährmann da herüberschaffte. Er klemmte den Schwanz ein und stob davon.

Die Seelen der Toten gingen Herakles aus dem Weg. Nur einer trat ihm bewaffnet entgegen. Schon zog Herakles einen Pfeil aus dem Köcher, doch da rief der Tote ihm zu: »Ich bin Meleagros, der Sohn des Königs Oineus.«

»Bist du der Meleagros, der den gewaltigen Kalydonischen Eber erlegt hat?«, fragte Herakles und spannte seinen Bogen.

Meleagros nickte und sagte: »Verschwende nicht deine Pfeile. Weißt du nicht, dass hier im Hades keiner mit einer Waffe etwas ausrichten kann?«

Herakles ließ den Bogen sinken. »Was willst du von mir?«, fragte er.

Meleagros antwortete: »Ich bin erst kurze Zeit im Reich der Schatten. Ruhelos gehe ich umher, denn ich habe unter den Lebenden meine Schwester Deianeira zurückgelassen. Sie ist unverheiratet und ich mache mir Sorgen um sie.«

Nun hatte Herakles schon von der Schönheit der Königstochter gehört und daran gedacht, um sie zu werben. Das sagte er Meleagros. Der fragte: »Willst du, Herakles, meine Schwester Deianeira zur Frau nehmen?« Das versprach Herakles ihm. Erleichtert verschwand Meleagros im tiefen Schatten des Hades.

Herakles wollte nun den Seelen ein festliches Mahl bereiten. Er schlachtete ein Rind aus der Herde des Hades. Der Hirt Menoites versuchte ihn daran zu hindern. Weil Herakles von Meleagros erfahren hatte, dass seine Waffen im Totenreich nutzlos waren, rang er Menoites nieder.

Darauf trat Herakles vor den Thron des Götterpaares Hades und Persephone. Selbst Hades konnte seinen Anblick nicht ertragen und begann zu zittern. Kerberos, der knurrend hinter dem Thron gehockt hatte, drückte sich davon. Nur Persephone blieb ruhig sitzen und starrte dem Eindringling in die Augen.

»Sohn des Zeus«, sagte sie, »wir stammen von demselben Vater ab. Also bin ich deine Schwester. Deshalb will ich dich freundlich empfangen. Sag uns, was dich treibt als Lebender das Reich der Toten zu betreten.«

»Eurystheus verlangt von mir, dass ich Kerberos ge-

bunden nach Mykene bringe. Das Orakel in Delphi hat mich wissen lassen, dass ich Eurystheus zwölfmal einen Dienst zu leisten habe. Elf Aufgaben habe ich schon für ihn erledigt. Dies soll die letzte sein. Dann bin ich frei.«
Hades hatte sich gefasst und sagte: »Du magst Kerberos mit dir nehmen, denn es ziemt sich nicht, dass du, Herakles, ein Göttlicher, dem König von Mykene dienstbar ist. Aber du musst den Wächter an der Pforte zu meinem Reich mit bloßen Händen bezwingen. Nur mit deinem Löwenfell darfst du bekleidet sein. Gelingt dir das, dann wird Kerberos dir willig folgen.«
Sogleich machte Herakles sich auf, um den Höllenhund aufzuspüren. Als er aus dem Palast kam, sah er vor dem Tor Theseus, der ihm beim Kampf gegen die Amazonen so tapfer beigestanden hatte. Neben Theseus hockte sein Blutsbruder Peirithoos. Die beiden hatten im Übermut geplant, in den Hades einzudringen und Persephone zu entführen. Zur Strafe waren sie im Reich der Schatten von Hades auf zwei Sitze gebannt worden, die in den Felsen geschlagen waren. Wer auf diesen Plätzen saß, vergaß alles, was vorher in seinem Erdenleben gewesen war.
Theseus reckte Herakles die Arme entgegen und der riss den Unglücklichen von seinem Platz. So brachte er ihn ins Leben der Sterblichen zurück. Herakles

wollte auch Peirithoos seinem Schicksal entreißen, doch da bebte ihm der Boden unter den Füßen. Er eilte davon. Kerberos kläffte ihn wütend an, das Nackenfell gesträubt, die Zähne gefletscht. Doch Herakles bekam den Hals des Hundes zu fassen, dort, wo die drei Köpfe zusammengewachsen waren. Er würgte das Untier, bis es schließlich matt und ohne Kraft am Boden lag. Mit einer schweren Kette band er Kerberos und führte ihn nach Mykene.

Eurystheus wandte sich voll Furcht ab, als er einen kurzen Blick auf Kerberos geworfen hatte. Mehr noch aber erschrak er, weil er nun erkennen musste, dass Herakles wohl einer der Götter geworden war.

Kerberos riss sich von der Kette los und hetzte in weiten Sprüngen über das Land, zurück zum Eingang der Unterwelt.

Die Freiheit hatte Herakles nun gefunden, aber nach dem Glück suchte er vergebens. Er zog mit Gefährten in den Krieg gegen König Augias, dem er die Ställe vom Mist gesäubert hatte. Damals hatte Augias ihm die versprochenen Rinder verweigert, obwohl der eigene Sohn Phyleus als Zeuge gegen den Vater aufgetreten war, um zu bestätigen, dass Herakles betrogen werden sollte.

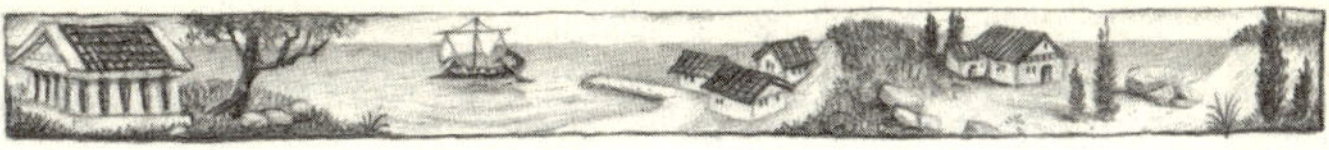

Augias standen zwei junge Männer mit Mut und Kraft zur Seite, unzertrennliche Zwillinge und Söhne des Poseidon. Sie legten Herakles einen Hinterhalt und ihr Heer konnte ihn besiegen. Viele Freunde des Herakles waren in der Schlacht gefallen. Unter den Toten befand sich sein Halbbruder. Es wurde ein Waffenstillstand beschlossen. Schmerz und Trauer überfielen Herakles wie eine schwere Krankheit.
Als Augias davon hörte, dass es Herakles schlecht ging, brach er die Vereinbarung, setzte Herakles nach und wollte ihn vollends vernichten. In diesen Tagen begannen die Isthmischen Spiele. Während der Wettkämpfe mussten alle die Waffen ruhen lassen.
Auch die Zwillinge wollten an den Wettkämpfen teilnehmen. Augias begleitete sie. Herakles lauerte ihnen auf und brach das Gesetz der Friedenspflicht. Heimtückisch erschlug er sie und lud so große Schuld auf sich. Er setzte Phileus an Stelle des Vaters als König ein.

Lange hatte Herakles während seiner Jahre im Dienst des Eurystheus von seiner Frau Megara und seinen Kindern in Theben getrennt leben müssen. Als er endlich in die Königsstadt zurückkehrte, verfiel er völlig dem Wahnsinn. Er ließ ein großes Feuer anzünden und warf seine Kinder hinein. Die Göttin Pallas Athene

wollte den schändlichen Taten nicht länger zusehen. Sie schleuderte Herakles den Stein der Heilung gegen die Brust. Er stürzte nieder und sank in einen langen Schlaf. Als er erwachte, war die Krankheit von ihm gewichen. Megara und sein Neffe Iolaos beugten sich über ihn. Er erinnerte sich an das, was er getan hatte, und sagte: »Das Blut meiner Kinder klebt an meinen Händen. Alles hier im Palast und in der Stadt Theben klagt mich an. Ich werde dich, Megara, und dies alles hinter mir lassen. Du, Iolaos, warst mir ein treuer Waffengefährte und auch mein tapferer Wagenlenker. Mit deiner Hilfe konnte ich die vielköpfige Schlange töten. Ich bitte dich, nimm dich meiner Frau Megara an. Ich gehe von Theben fort, fort für immer. Nie mehr werde ich an den Ort meines Unglücks zurückkehren.«
Noch am selben Tag verließ er Theben. Er wanderte ohne Ziel umher und gelangte eines Tages vor die Burg des Königs Eurytos. Der war so verliebt in seine eigene Tochter, dass er sie nur dem zur Frau geben wollte, der ihn im Bogenschießen besiegen konnte. Eurytos aber war bekannt als der beste Schütze weit und breit. Dennoch hatten viele Freier versucht die schöne Iole zu gewinnen. Vergebens. Eurytos blieb stets der Sieger.
Der Wettkampf reizte Herakles vielleicht mehr als der

Siegespreis. Jedenfalls forderte er Eurytos heraus und gewann das Wettschießen. Mit einem Fest wurde Herakles' Sieg gefeiert. Er trank von dem schweren Wein, den der König ausschenken ließ, und war bald betrunken.

Da schaffte Iphitos, der Sohn des Eurytos, heimlich seine Waffen beiseite. Eurytos und seine Söhne begannen Herakles zu verspotten, allen voran Iphitos. Nie würden sie dem Mörder der eigenen Kinder ihre Schwester Iole zur Frau geben, ja, sie schleppten den Betrunkenen vor das Burgtor und warfen ihn in den Straßenstaub.

Diese Schmach wollte Herakles rächen. Zunächst begab er sich in seine Stadt Tiryns. Kurz darauf gelangte Iphitos auf der Suche nach gestohlenen Pferden bis vor diese Stadt. Herakles lud ihn freundlich als Gast in die Burg ein und tat, als ob alles vergessen und vergeben war, was man ihm bei Eurytos angetan hatte. Er bewirtete Iphitos und lud ihn ein die Stadt zu besichtigen. Er führte ihn auf die Stadtmauer von Tiryns und zeigte ihm einen festen Turm. Von dort stürzte er den Sohn des Eurytos in die Tiefe. Mit diesem Mord verging sich Herakles gegen das im ganzen Land heilige Gesetz der Gastfreundschaft. Ohne Sühne war er von dieser Schuld nicht zu befreien.

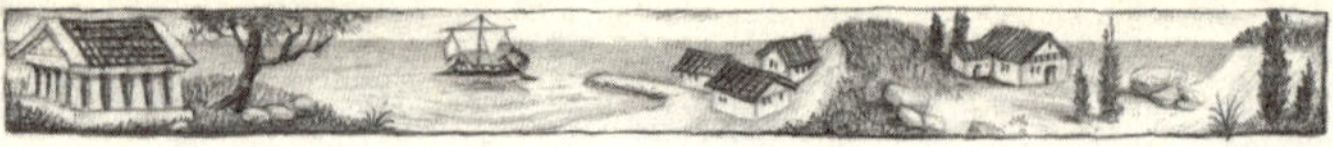

Er wanderte nach Delphi, um das Orakel zu befragen, was er tun solle. Pythia wies ihn ab. Kein Mörder durfte auf einen Spruch des Orakels hoffen. Herakles aber glaubte, Apollon, der ihm nie freundlich gesinnt gewesen war, wolle ihm die Antwort aus Feindschaft verweigern. Zornig drang er in den Tempel ein und raubte den Dreifuß, jenen Sitz, auf dem Pythia saß, wenn sie einen Orakelspruch des Apollon vernahm.
Apollon wollte diese Schändung seines Tempels nicht hinnehmen. Er jagte Herakles nach. Es kam zu einem erbitterten Kampf dieser beiden Zeussöhne. Apollon bekam ein Bein des heiligen Gerätes zu fassen und versuchte es Herakles zu entreißen, da schwang Herakles seine Keule gegen Apollon. Zeus selbst griff nun ein und jagte seine Blitze zwischen die Streitenden. Da kamen sie zur Besinnung. Herakles reichte Apollon freiwillig den Dreifuß und die Göttersöhne versöhnten sich.
Der Götterbote Hermes brachte Herakles die Botschaft, dass er drei Jahre den Dienst eines Sklaven leisten müsste, um von der Schuld der Tempelschändung befreit zu sein. Hermes selbst verkaufte ihn auf dem Sklavenmarkt an die lydische Königin Omphale.
Diese demütigte Herakles. Er wurde angewiesen seinen Dienst in Frauenkleidern zu verrichten. Doch er

wehrte sich nicht und tat, was ihm die Königin befahl. Willig folgte er ihr in allem, was sie von ihm verlangte. In späteren Zeiten wussten die Sänger von vielen Heldentaten zu berichten, die Herakles in den Jahren der Sühne für Omphale vollbracht hatte. Schließlich schied er aus ihrem Dienst. Die Nymphen wuschen ihm in dem warmen Wasser der Bäche Hyllos und Acheles alle Schuld ab.

Er beschloss sich aufzumachen und nach Aitolien zu gehen. Dort herrschte König Oineus. Seine Tochter hieß Deianeira. Herakles hatte ja einst im Hades dem Meleagros zugesagt, seine Schwester Deianeira zur Frau zu nehmen. Jetzt wollte er sein Wort einlösen.

Deianeira hatte schon manchen Mann abgewiesen. Als Herakles in das Gebiet des Oineus kam, hörte er, dass Deianeira von einem zudringlichen Freier arg bedrängt wurde. Er war ein Flussgott und verfügte über die Fähigkeit, in mancherlei Gestalt vor Deianeira zu treten. Manchmal kam er als Stier, dann als Schlange, sogar als ein Mensch mit einem Stierkopf zeigte er sich.

Herakles eilte zum Königshof. Auf dem Wege dorthin traf er auf den Flussgott. Es kam zu einem Kampf zwischen den beiden. Jedes Mal, wenn Herakles glaubte, er habe gesiegt, verwandelte sich sein Widersacher in ein anderes Wesen. Doch in welche Gestalt der Gegner auch schlüpfte, er musste der größeren Kraft des Herakles weichen. Zuletzt erschien er als gewaltiger Stier. Herakles brach ihm eins seiner Hörner ab. Da gab er sich endgültig geschlagen. Großzügig gab Herakles ihm das Horn zurück. Der Flussgott schlich beschämt davon. König Oineus nahm Herakles freudig auf. Gern stimmte er seiner Werbung um Deianeira zu.

Das Paar lebte zunächst im Palast ihres Vaters Oineus. Es wurde ihnen ein Sohn geboren. Sie nannten ihn Hyllos in Erinnerung an den Fluss, in dem die Nymphen Herakles von seiner Schuld reingewaschen hatten.

Sein unstetes Leben aber gab Herakles nicht auf. Auch seinen Jähzorn verlor er nicht. Eines Abends reichte ihm ein junger Diener ein Wasserbecken, damit sich Herakles die Hände abspülen konnte. Doch der Diener war ungeschickt und verschüttete ein paar Tropfen. Herakles' Wut schäumte auf und er erschlug ihn. Die Menschen im Palast waren empört. Herakles spürte, dass er auch bei Oineus nicht mehr gern gesehen war. Er verließ mit seiner Frau und seinem kleinen Sohn Hyllos den Königshof und wollte zu seinem guten Freund Keyx, dem König von Kalydon, gehen.

Auf dem Weg dorthin mussten sie einen breiten Fluss überqueren. Am Ufer wartete der Kentaure Nessos. Er sagte von sich, die Götter hätten ihn für den Fährdienst bestimmt. Er bot sich an Deianeira ans andere Ufer zu tragen.

Herakles selbst schritt voran durch die Fluten. Nessos folgte ihm. Als der Kentaure in der Mitte des Stromes war, hörte Herakles das angstvolle Schreien seiner Frau. Er schaute zurück und sah, dass Nessos sie vergewaltigen wollte. Er schoss auf Nessos und sein Pfeil verwundete ihn schwer.

Doch schleppte Nessos Deianeira noch bis ans Ufer. Sterbend flüsterte er ihr zu: »Du bist die Letzte, die ich durch das Wasser getragen habe. Ich will dir ein Geschenk machen. Sammle das geronnene Blut aus meiner Wunde in ein Fläschchen. Wenn du damit die Kleider deines Mannes einstreichst, wird er nur dich und niemals eine andere Frau lieben.«

Deianeira tat, was der Kentaure ihr gesagt hatte, und verbarg das Fläschchen mit dem Blut vor Herakles.

Keyx nahm die Gäste auf, als ob sie seine lieben Verwandten gewesen wären. Er bot ihnen an in einem Flügel des Palastes zu wohnen, so lange sie wollten. Doch Ruhe fand Herakles auch im Land Kalydon nicht.

Eines Tages sagte er: »Ich habe noch eine alte Rechnung zu begleichen. König Eurytos von Oichalia hat mich einst um meinen Siegespreis betrogen. Ich habe gegen ihn im Bogenschießen gewonnen. Statt mir den ausgelobten Preis zu geben, hat er mir große Schande angetan. Er hat mich aus seiner Burg hinauswerfen lassen. Ich werde mich für diese Schmach an ihm rächen.«

Deianeira wollte ihn zurückhalten, doch Herakles sammelte ein Heer und zog los. Nur wenige Tage belagerte er die Burg des Eurytos. Dann stürmte er sie mit seinen Männern und tötete Eurytos und seine Söhne. Die Tochter des Königs, die schöne Iole, die ihm damals als Siegespreis versprochen worden war, nahm er mit sich.

Als er mit Iole in das Land Kalydon zurückkam, glaubte Deianeira, ihr Mann habe sich eine Nebenfrau genommen. Ihr fiel das Zaubermittel ein, dass sie von dem Kentauren Nessos bekommen hatte. Sie ließ Herakles für die Siegesfeier ein reich besticktes Gewand nähen. Das strich sie mit dem Blut des Kentauren ein. Sie war sicher, dass dieser Zauber die Liebe des Herakles zu ihr nie erkalten lasse.

Herakles bewunderte das Prachtgewand und zog es an. Es brannte wie Feuer auf seiner Haut. Der ätzende

Schmerz drang ihm in alle Poren. Erschreckt wollte er das Kleid abstreifen, doch das war ihm nicht möglich. Auch seine Diener vermochten nicht ihn von dem Gewand zu befreien. Voller Wut und Schmerz ertränkte er den Boten, der ihm das Kleid von Deianeira überbracht hatte.

Im Palast sprach sich in Windeseile herum, was geschehen war. Auch Deianeira wurde die Schreckensnachricht überbracht. Sie erkannte, dass der Kentaure Nessos sie hintergangen hatte, um sich auf grausame Weise an Herakles zu rächen. Verzweifelt stürzte sie sich in ein Schwert. Als Herakles herangestürmt kam, um auch sie umzubringen, fand er Deianeira tot. Er erfuhr von ihrer Dienerin, dass das Feuergift von Nessos kam.

Da wusste er, dass sein Ende bevorstand. Er ließ von seinem Sohn Hyllos auf dem Berg Oita einen Scheiterhaufen errichten, wie es noch nie einen größeren gegeben hatte. Herakles befahl ihn dort hinaufzutragen und rief seinem Sohn zu : »Zünde an! Zünde endlich an!« Aber Hyllos weigerte sich seinen Vater den Flammen zu überliefern.

Ein Hirt kam daher und suchte nach verlorenen Schafen. Herakles schrie: »Tu du, Hirte, mir einen Liebesdienst. Erlöse mich von meinen Qualen. Zünde das

Feuer an! Zünde es endlich an! Zum Lohn will ich dir meinen Bogen schenken.«

Der Hirt erfüllte ihm den letzten Wunsch. Die Flammen loderten auf bis hoch in den Himmel. Ein heftiger Sturm fegte über das Land, ein Brausen und Pfeifen dröhnte in den Ohren, es donnerte und Blitze zuckten und die Erde bebte. Aus dem Flammenmeer wurde Herakles empor zu den Göttern gezogen. Von dieser Stunde an saß er als einer der Unsterblichen neben Zeus und Hera im Olymp.

Im ganzen Land aber wurde kein Held, kein Gott so verehrt wie Herakles und die Sänger wurden nicht müde seine Taten zu besingen.

Theseus

Theseus wuchs in der kleinen Stadt Troizen am Meer auf. Um seine Herkunft rankte sich ein Geheimnis. Seine Mutter war die Tochter des Königs Pittheus von Troizen. Dass sein Vater Aigeus, der König von Athen, war, erfuhr Theseus jedoch erst viel später.
Aigeus war in Athen verheiratet, aber die Ehe blieb kinderlos. Der König wusste, dass sein Bruder Pallas mit seinen fünfzig Söhnen nur auf eine günstige Gelegenheit wartete, ihn vom Thron zu verdrängen. Pallas wollte selber König werden.
Oft hatte Aigeus auf den Zinnen der Burg gestanden, in die Ferne geschaut und nachgedacht, was er tun sollte. In den Bergen weit im Süden von Athen konnte er bei klarer Sicht die Stadt Troizen erblicken. Der König dort war sein Freund Pittheus. Der hatte eine schöne Tochter mit Namen Aithra. Aigeus erwog diese junge Frau zu ehelichen. Aber das durfte nicht öffentlich geschehen, weil er ja bereits verheiratet war. Wenn er mit Aithra einen Sohn bekam, brauchte er sich um den Erben und Nachfolger auf seinem Thron keine Sorgen mehr zu machen. Dieser Gedanke ließ ihn nicht mehr los.

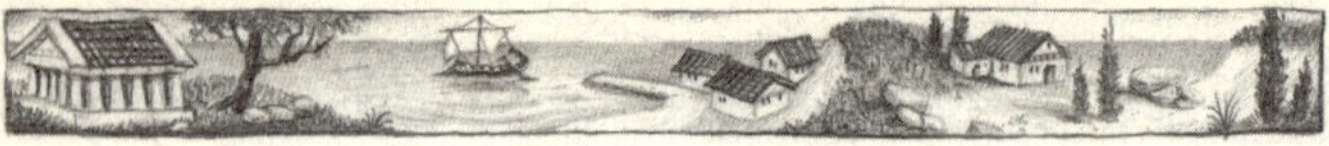

Nun hatte ihm jedoch das Orakel von Delphi einen warnenden Spruch zukommen lassen: »Besser, oh König, kein Sohn, als einer, der dir den Tod bringt.« Trotzdem brach er nach Troizen auf, um sich mit seinem Freund zu beraten und ihn zu fragen, wie er zu diesem Plan stehe.

Pittheus ging gleich auf, dass ein Sohn aus dieser Verbindung der König im mächtigen Athen werden könne. Außerdem glaubte er plötzlich zu verstehen, was ein merkwürdiges Orakel ihm verkündet hatte, nämlich: »Deine Tochter heiratet und hat doch keinen Gatten. Ein Sohn wird ihr geboren. Der wird im ganzen Land berühmt werden.«

Pittheus willigte ein, dass sein Freund um die Tochter warb. In aller Heimlichkeit kam es zu der Hochzeit.

Aigeus musste bald darauf wieder nach Athen zurück. Er nahm Abschied von Aithra. Unter einem Felsbrocken verbarg er ein Schwert mit einem Griff aus Elfenbein und ein Paar Sandalen. Er sagte zu Aithra: »Wenn du einen Sohn von mir zur Welt bringst, dann halte vor allen Menschen, auch vor dem Kind selbst, streng geheim, wer sein Vater ist. Mein Bruder Pallas würde ihm nach dem Leben trachten, falls er es herausbekäme; denn nichts fürchtet er mehr als einen Nachkommen von mir, der mein Erbe antreten kann.«

»Für immer soll mein Sohn glauben, er sei vaterlos?«, fragte Aithra.
»Nein, nicht für alle Zeit«, antwortete Aigeus. »Wenn er groß und stark genug ist, um diesen Felsenstein fortzuwälzen, dann soll er die darunter verborgenen Sandalen anziehen, sich mit dem Schwert gürten und zu mir nach Athen kommen. An Schwert und Sandalen werde ich erkennen, dass er mein Sohn ist.«
Dann ging Aigeus davon und ließ die junge Frau allein zurück.
Bald konnte man es sehen, dass Aithra schwanger war. Es gab Getuschel und Gerede, weil sie ja für ledig gehalten wurde. Pittheus ließ deshalb verbreiten, der Meeresgott Poseidon sei der Vater des Kindes. Poseidon wurde in der Stadt am Meer hoch verehrt. Deshalb nahm niemand Anstoß an der Mutter ohne Mann.
Ein Junge wurde geboren. Aithra gab ihm den Namen Theseus. Pittheus ließ das Kind sorgfältig erziehen. Es wuchs zur Freude seiner Mutter und aller Bewohner der Stadt zu einem kräftigen, schönen Knaben heran.
Als Theseus sieben Jahre alt war, kam vornehmer Besuch nach Troizen. Der Vetter von Theseus, Herakles, ein Göttersohn und viel bewunderter Held, wollte für ein paar Tage in der Stadt verweilen.
Beim abendlichen Festmahl zu Ehren des berühmten

Gastes legte Herakles sein Löwenfell ab, das er sonst ständig trug. Die Knaben, die bei Tisch bedienten, stoben davon, weil sie glaubten, ein richtiger Löwe habe sich in den Saal verirrt. Der siebenjährige Theseus jedoch entriss einem Diener eine Axt und stürzte auf den vermeintlichen Löwen zu. Herakles nahm den kleinen Vetter auf seinen Arm und sagte: »Du bist ein tapferer Junge. Du wirst gewiss einst ähnliche Heldentaten vollbringen wie ich.«
Seitdem nahm sich Theseus den Herakles zum Vorbild. Am Hofe seines Großvaters wuchs Theseus zu einem jungen Mann heran. Eines Tages dachte Aithra, Theseus ist alt und stark genug die Kraftprobe zu bestehen und den Stein wegzuwälzen. Sie führte ihn zu dem Ort, an dem Aigeus Schwert und Sandalen verborgen hatte.

Es bereitete Theseus wenig Mühe, den Felsbrocken zu bewegen. Nun gestand ihm Aithra, wer sein wirklicher Vater war, und erklärte ihm, warum er erst jetzt die Wahrheit erfahren durfte. Theseus probierte die Sandalen an. Sie passten wie für ihn gemacht. Er nahm auch das Schwert und beschloss nach Athen zu gehen, wie sein Vater es gewünscht hatte.
Aithra riet ihm den gefahrloseren Seeweg zu wählen. Theseus jedoch bestand darauf, durchs Gebirge zu gehen. Aithra schilderte ihm voller Sorge, was ihm auf diesem Weg widerfahren könne. Räuber und Riesen lägen vielerorts auf der Lauer und warteten nur darauf, den Wanderern zu schaden. Selbst Herakles hätte nur nach einem Kampf auf Leben und Tod einige Riesen überwinden können. Gerade aber dieser Hinweis bestärkte Theseus in seinem Entschluss. Er wollte ja dem Vetter in seinen Heldentaten nicht nachstehen.
Sein Großvater Pittheus hatte Freude am Mut seines Enkels. Er beschrieb ihm genau den Weg, nannte ihm die Namen der gefährlichen Wegelagerer und verheimlichte ihm nicht die Grausamkeiten, die man in der Gegend über sie zu erzählen wusste.
All das schreckte Theseus nicht. Es drängte ihn, Troizen zu verlassen und seinen Vater in Athen zu sehen.

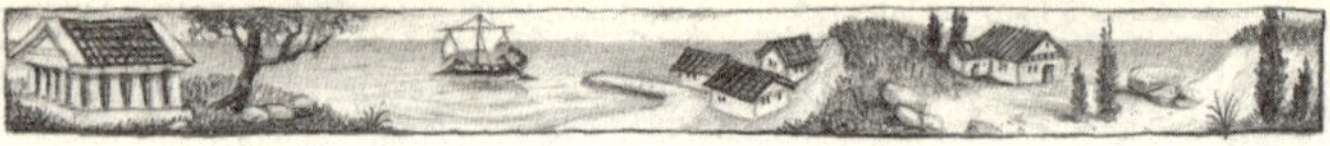

Seine Mutter begleitete ihn bis weit vor die Stadt. Sie winkte ihm lange nach und Tränen standen ihr in den Augen.

Kaum hatte Theseus das Umland von Troizen verlassen, da versperrte ihm der Riese Periphetes den Weg und bedrohte ihn mit einer eisernen Keule. Der Riese war gefürchtet, denn er hatte schon viele Menschen erschlagen. Allerdings war er ungelenk und nicht besonders flink auf den Füßen. Theseus aber war so schnell, dass er seinen Schlägen ausweichen konnte. Er tötete den Unhold und nahm die Eisenkeule mit sich.
Nicht weit von Korinth entfernt, wurde Theseus zum zweiten Male auf die Probe gestellt. Sinis, ein großer und starker Räuber, hatte Freude daran, Frauen und Männer einzufangen. Er vermochte mit seiner gewaltigen Kraft, die Spitzen mächtiger Fichten bis zur Erde herabzubiegen. Seine Opfer band er an Armen und Beinen an den Bäumen fest und ließ die Spitzen emporschnellen. Die Leiber der Gefangenen wurden in der Luft zerrissen.
Auch Theseus begegnete dem mordlüsternen Gesellen. Sinis bog eine Fichte herab und zwang Theseus die Spitze zu halten. Während er die zweite niederzog, packte Theseus ihn. Es gelang ihm, den Riesen an die

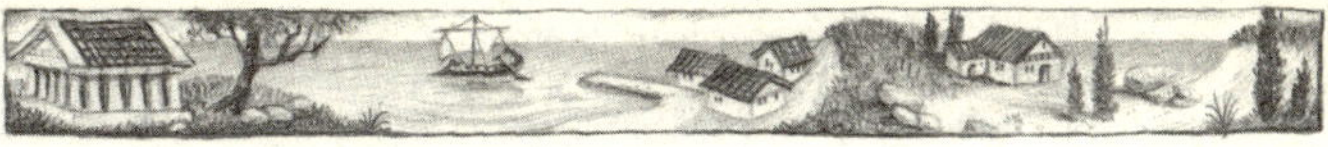

Bäume zu fesseln. So fand Sinis den Tod, den so viele seiner Opfer erlitten hatten.

Sinis besaß eine schöne Tochter mit Namen Perigune. Als sie sah, dass ihr Vater umgekommen war, floh sie voller Angst vor Theseus. Vor einem Gebüsch verharrte sie und flehte die Pflanzen an sie zu retten. Sie schwor sich dankbar zu zeigen und niemals eine Pflanze zu beschädigen oder zu verbrennen.

Theseus hörte, was sie in ihrem Kinderglauben von den Pflanzen erbat. Er rief ihr zu: »Ich werde dir nichts antun, Kind. Nie werde ich die Untaten deines Vaters an der Tochter rächen.«

Perigune fasste Vertrauen zu ihm. Er nahm sich des Mädchens an und gewährte ihr seinen Schutz. Später fand er einen Mann für sie. Es heißt, dass die Familie, genau wie Perigune es geschworen hatte, sorgsam mit den Pflanzen umging und eine große Kenntnis von allem erwarb, was grünte und blühte. So manche Pflanze lernte Perigune als Heilkraut kennen und konnte mit diesem Wissen viele Krankheiten der Menschen heilen.

Allmählich begann man in den Dörfern und Städten zu erzählen, was es da für einen jungen Mann gebe, der durch das Land zog und wie einst Herakles die Menschen von Plagen befreite.

Als Theseus die Gegend von Korinth schon fast hinter

sich gelassen hatte, kamen Bauern zu ihm und jammerten und klagten, ihre Felder und Weingärten würden von einer gewaltigen grauen Wildsau heimgesucht. Sie zerwühle den Boden und vernichte die Ernten. Eine gespenstische Alte, Phaia mit Namen, sei die Beschützerin des Tieres. Die Bauern hätten schon oft versucht die graue Sau zu erlegen, aber das Tier sei gefährlich und gehe auch Menschen an.
Theseus versprach, er wolle versuchen ihnen zu helfen. In der Morgendämmerung wartete er auf die Wildsau. Sie trat aus dem Wald hervor, verharrte und witterte den Menschen. Wütend rannte sie auf Theseus zu, doch der streckte ihr einen Spieß entgegen und erstach sie. Die Bauern jubelten ihm zu, weil er sie von dem schrecklichen Tier erlöst hatte.
Nun musste Theseus Megera und Attika durchwandern. Dort kam er durch ein kahles Felsengebirge. Er folgte einem steinigen Pfad. Zur einen Seite stiegen steil die Felswände bis zum Himmel empor, zur anderen tat sich ein Abgrund auf. In der Tiefe schäumte die Brandung des Meeres. In diesen Gewässern hauste eine Meeresschildkröte, wie nie eine größere gesehen worden war. Sie war eine Menschenfresserin und man tat gut daran, ihr nicht zu nahe zu kommen.
Plötzlich endete an einer wild zerklüfteten Stelle der

Pfad, dem Theseus folgte. Eine Steinlawine hatte ihn verschüttet. Theseus stieg die Steilwand hinab, um auf dem schmalen Saum zwischen Fels und Meer weiterzugehen. Immer wieder hielt er Ausschau nach der Schildkröte, sah sie aber nicht. Dann aber fielen die Felsen schroff ins Meer und er hätte schwimmen müssen. Er wollte sich jedoch nicht in Gefahr bringen und erklomm die Felswand. Der Pfad hoch oben war wieder begehbar und führte auf die Berghöhe zum Kamm hinauf.

Dort wartete schon ein grober Kerl auf ihn. Er hieß Skiron. Von allen, die an dieser Stelle vorüberkamen, verlangte er einen Wegezoll. Sie sollten ihm die Füße waschen. Er hatte zu diesem Zweck Wasser in eine schwere Bronzeschüssel gegossen. Beugten sich die Wanderer nieder und taten, was er wollte, gab er ihnen unter höhnischem Gelächter einen Tritt und stürzte sie in den Abgrund. Tief unten im Meer wartete schon die Schildkröte auf ihre Opfer.

Auch von Theseus verlangte er gewaschen zu werden. Der aber ergriff das Bronzegefäß, erschlug den Bösewicht und stieß ihn die Steilwand hinab, genau so, wie Skiron es selbst mit vielen Menschen getan hatte.

Nun hatte Theseus schon die größte Strecke nach Athen hinter sich gebracht, aber immer noch stellten sich ihm Hindernisse in den Weg. An der Straße nach

Eleusis hatte sich ein merkwürdiges Wesen niedergelassen. Es sah aus wie ein Mensch mit einem langen Drachenschwanz. Es hatte den Namen Kerkyon, der Geschwänzte, erhalten. Jeden, der seinen Weg kreuzte, zwang dieses Ungeheuer mit ihm einen Ringkampf machen. Es erwürgte sie alle.
Theseus nahm die Herausforderung zum Kampf an. Kerkyon war zwar von unbändiger Kraft, aber Theseus war viel flinker und wendiger. Er konnte sich seinem Gegner immer wieder entziehen. Schließlich ermüdete Kerkyon. Seine Muskeln erschlafften und Theseus konnte ihn besiegen und die Gegend von ihrem Schrecken befreien.
Schon nicht mehr weit von Athen entfernt, traf er auf einen Schmied. Der hieß Prokrustes. Er war als grausamer Wegelagerer bekannt und gefürchtet. Wer ihm in die Hände fiel, war verloren. Prokrustes hatte sich ein eisernes Bett geschmiedet. Jeden, den er erwischen konnte, warf er auf dieses Lager. Aber das Bett war viel zu lang für einen Menschen.
»Ich will dich passend machen, damit du bequem die Nacht auf diesem Lager verbringst«, schrie er. Prokrustes begann sein Opfer zu strecken, zerrte an Armen und Beinen und schlug auch mit dem Schmiedehammer so lange zu, bis es voller Qualen starb.

Theseus zwang Prokrustes auf sein eigenes Eisenbett und tötete ihn, so wie die kranke Phantasie des Riesen es sich für andere ausgedacht hatte.
Die Befreiungstaten des jungen Helden hatten sich inzwischen weit herumgesprochen. Doch Theseus beschlichen dunkle Gedanken. Wird denn die ganze Welt von Unholden beherrscht, fragte er sich. Auf Schritt und Tritt begegnen mir solche schrecklichen Wesen. Auch dachte er an das Blut, das an seinen Händen klebte, und er zweifelte, ob er so befleckt seinem Vater unter die Augen treten dürfe.
Doch dann machte er eine ganz andere Erfahrung. Kurz vor Athen an den Ufern eines Flusses traf er auf die Phytaliden. Die empfingen ihn überaus gastfreundlich. Auf dem Altar ihres Gottes brachten sie für Theseus ein Reinigungsopfer dar und er konnte frank und frei das Stadttor Athens durchschreiten.

Auch Aigeus hatte davon gehört, dass ein junger Held sich seiner Stadt näherte. Er fürchtete, der Ruhm des Mannes könne die Athener auf den Gedanken bringen, ihn an seiner Stelle zum König zu machen.
Aigeus' Frau Medeia hatte von Kirke, ihrer Schwester, die eine große Zauberin war, erfahren, dass Theseus ein Sohn ihres Mannes war. Erbittert und rachsüchtig

trachtete sie Theseus nach dem Leben. Sie verheimlichte ihrem Mann, wer Theseus wirklich war, und bestärkte ihn in der Sorge, dass der junge Held dem Thron gefährlich werden könnte. Theseus müsse den Tod finden, flüsterte sie Aigeus ein. Sie werde Gift unter den Wein mischen und Aigeus solle ihm zum Willkommenstrunk den Todesbecher reichen.

Aigeus war mit so einem rüden Bruch der Gastfreundschaft nicht einverstanden. Da riet ihm Medeia, es treibe ein gewaltiger Stier in der Nähe von Marathon sein Unwesen und füge den Menschen manchen Schaden zu. Bevor nun Aigeus den Gast empfange, solle er von ihm verlangen diesen Stier zu bezwingen. Ganz gewiss würde das wilde Tier den gefährlichen Fremden töten. Niemand könne dann dem König den Bruch des Gastrechtes vorwerfen. Dieser Plan schien Aigeus gut und er stimmte zu.

Theseus' Weg zum Palast führte an einer Baustelle vorbei. Die Phytaliden hatten ihm ein langes, festliches Gewand geschenkt. Das hatte er angelegt, um gut gekleidet vor seinem Vater zu erscheinen. Die Bauleute, die hoch oben auf den Mauern standen, verspotteten ihn, pfiffen hinter ihm her und riefen: »Seht, da geht ein Mädchen ohne Begleitung vorüber.«

Vor dem Bau stand ein Ochsengespann, auf dem der

Dachstuhl des Bauwerks herbeigeschafft worden war. Theseus ergriff die Balken und warf sie den Bauleuten zu. So etwas hatten sie für unmöglich gehalten und ihr Spott blieb ihnen im Halse stecken.
Vor dem Palast sagte man Theseus, was der König von ihm erwarte. Erst, wenn er den Stier bezwungen habe, sei er willkommen. Arglos machte sich Theseus auf den Weg. Es war ein heiterer Tag, aber gegen Abend türmte sich ein schwarzes Wolkengebirge über den Gipfeln auf. Ein heftiges Gewitter brach los. Theseus rettete sich in eine Hütte. Diese gehörte einer alten Frau, von der man sagte, sie sei vor Zeiten einmal eine mächtige Göttin gewesen.
Sie nahm Theseus freundlich auf wie alle Fremden, die bei ihr einkehrten, und bereitete ihm ein schmackhaftes Mahl. Er erzählte ihr, was er vorhabe. Sie gab ihm den Rat den Stier nicht zu töten, sondern ihn bei den Hörnern zu packen und niederzuringen. Wenn er ihn nach Athen schaffe, könne er das Tier dem Apollon opfern und der Gott werde ihm gewogen sein.
Der nächste Morgen war frisch und klar. Der Himmel spannte sich in tiefem Blau von einem Horizont zum anderen. Theseus brach auf und schritt guten Mutes auf Marathon zu.
Mit gesenktem Kopf und wütendem Schnauben stürm-

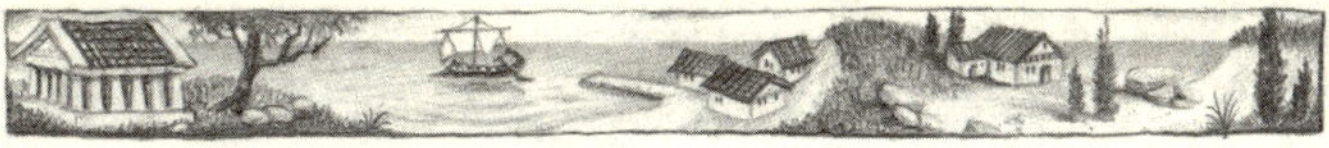

te der Stier aus einem Gebüsch hervor. Er rannte auf Theseus zu und der Tritt seiner Hufe ließ die Erde beben. Theseus sprang zur Seite, und als der Stier seinen Hals wendete, um nach ihm Ausschau zu halten, fasste er ihn bei den Hörnern und drückte seinen Kopf zu Boden. Dann ließ er das eine Horn fahren und packte ihn an seiner empfindlichsten Stelle. Die Finger stieß er in die Nüstern des Tiers und brachte es so in seine Gewalt. Willig trottete nun der Stier neben ihm her. Als er an der Hütte der alten Frau vorüberkam und nach ihr fragte, hörte er, dass sie gestorben sei. Er ließ später an diesem Platz ein Heiligtum errichten, das zum Ziel für Wallfahrten aus der ganzen Umgegend wurde.

Sein Weg auf Athen zu war von Menschen gesäumt. Alle bestaunten den jungen Helden, der den Stier mit sich führte. Sie sangen ihm Jubellieder und winkten ihm mit den Zweigen des Ölbaums zu.

Die Furcht des Aigeus wuchs. Nun erklärte er sich bereit den zu vergiften, von dem ihm seine Frau sagte, er werde seinen Thron einnehmen.

Theseus opferte nach dem Rat der Alten den Stier dem Apollon und ging ein zweites Mal zum Königspalast. Die Wächter ließen ihn ein. Bei dem festlichen Begrüßungsmahl reichte Aigeus ihm den Giftbecher. Theseus aber, der sich wunderte, dass Aigeus ihn offenbar

nicht als seinen Sohn erkannte, nahm zwar mit der linken Hand den Becher, zog aber mit der rechten das Schwert halb aus der Scheide, damit sein Vater darauf aufmerksam werden musste.
Aigeus sah den Elfenbeinknauf, warf einen Blick auf die Sandalen und wusste nun, wer der Fremde war. Er schlug Theseus den Becher aus der Hand. Das Giftgemisch ergoss sich über den Boden. Aigeus schloss seinen Sohn in die Arme. Er rief laut, sodass alle im Saal ihn hören konnten: »Theseus ist mein Sohn. Er ist es, der nach meinem Tode der König sein soll.«
Die Botschaft verbreitete sich schnell in der ganzen Stadt und der Jubel war groß. Alle freuten sich einen solch berühmten Mann in ihren Mauern zu haben. Medeia aber wollte sich aus dem Festsaal stehlen. Aigeus durchschaute nun, dass sie aus Rache für seine heimliche Heirat mit Aithra den Sohn umbringen wollte. Er verbannte sie für immer. Die Stelle aber, an der das Gift auf den Boden geflossen war, durfte nicht gereinigt werden und sollte alle daran erinnern, wie nahe der Königssohn dem Tode gewesen war.

Es begannen glückliche Tage für das Königshaus und ganz Athen. Doch wurde die Zeit auch überschattet von jenem Krieg, den Athen gegen die Kreter verloren hatte. Ein bitterer Tribut war alle neun Jahre zu zahlen. Sieben junge Männer und sieben Mädchen verlangte der Kreterkönig Minos. Sie wurden einem Untier mit Namen Minotaurus, halb Mensch, halb Stier zum Fraße vorgeworfen. Theseus jedoch gelang es, den Minotauros zu töten.

König Aigeus hatte den Sohn nur widerstrebend und mit großen Sorgen gegen die Kreter ziehen lassen. Das Schiff des Theseus hatte bei der Ausfahrt schwarze Segel aufgezogen. Zum Zeichen, dass die Fahrt nach Kreta gut ausgegangen war, sollte Theseus weiße Segel hissen, wenn er als Sieger zurückkehrte. Das jedoch vergaß Theseus. Der alte König hielt jeden Tag Ausschau nach dem Schiff. Als er die schwarzen Segel sah, glaubte er, Theseus sei in Kreta umgekommen. Er stürzte sich über die Klippen in den Tod. Die Trauer in Athen war groß.

Theseus wurde zum König ausgerufen. Es gelang ihm, die umliegenden Landbewohner und die Menschen in der Stadt zusammenzuführen. Nicht durch Gewalt und Zwang, sondern durch beharrliche Überzeugungskraft begann er einen neuen Staat aufzubauen. Die Gesetze wurden gemeinsam beraten und beschlossen.

Den meisten Athenern gefiel es, dass Theseus seine

Macht als König einschränkte und den Bürgern mehr Rechte übertrug. Allerdings trauerten auch manche einflussreichen Familien dem Verlust einiger Vorrechte nach, die sie bislang für sich in Anspruch genommen hatten. Doch sie fürchteten den König und fügten sich. Bauern, Handwerker und die Edlen der Stadt lebten so in Frieden miteinander. Dieser neue Staat bekam eine große Anziehungskraft weit über Athen hinaus. Viele Zuwanderer stärkten die Stadt und Athen wurde die wohl bedeutendste Stadt weit und breit.
Nun aber drohte eine Gefahr von außen. Theseus hatte nämlich die Amazonenkönigin Hippolyte geheiratet und mit ihr einen Sohn namens Hippolytos.
Die Amazonen glaubten, die schöne Hippolyte sei von Theseus geraubt worden. Als er mit Herakles an der Küste des Landes der streitbaren Frauen gelandet war, hatte er großen Gefallen an den Amazonen gefunden und besonders eben an Hippolyte. Sie erwiderte seine Zuneigung. So war es nicht schwer für ihn, sie auf das Schiff zu locken und in Athen zu seiner Königin zu machen. Die Amazonen jedoch wollten den dreisten Raub rächen und Hippolyte befreien. Sie waren keine Seefahrerinnen. Es dauerte lange, ehe sie mit ihren Pferden den weiten Landweg nach Athen ausfindig gemacht hatten. In wildem Ritt stürmten sie die

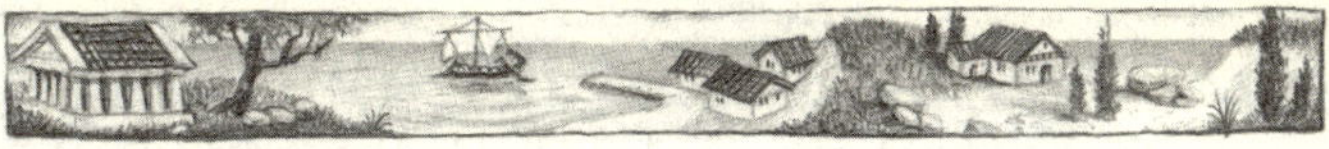

Stadt. Die Athener wurden in ihre Burg zurückgedrängt und belagert. Zwar gelang es ihnen doch nach Monaten in einer entscheidenden Schlacht, die kriegerischen Frauen zu besiegen. Hippolyte, die zur Enttäuschung der Amazonen Seite an Seite mit ihrem Gatten gegen ihr eigenes Volk kämpfte, wurde von einem Pfeil getroffen und starb.

Die Frauen sahen ein, dass ihre Rachegelüste nicht gestillt werden konnten und der Befreiungsversuch an der Liebe von Hippolyte gescheitert war. So kam es zu einem Friedensschluss. Das Heer der Amazonen ritt davon. Viele Athener schauten ihnen nach, bis die Staubwolke, die die Hufe ihrer Pferde aufwirbelte, sie ihren Blicken entzog.

Theseus war nicht der einzige Held, dessen Taten von den Sängern besungen wurden. Es lebte im Land der Griechen ein Mann, dessen Ruhm auch in vielen Liedern erklang, Peirithoos. Er war der König des rauen Bergvolkes der Lapithen. Man sagte, er sei ein Sohn des Zeus.

Peirithoos wollte nun seine Kräfte mit Theseus im Kampf messen. Um ihn aus Athen herauszulocken, raubte er in der Gegend von Marathon eine Herde, die Theseus' Eigentum war. Die Hirten meldeten ihrem

Herren den Diebstahl. Genau wie es Peirithoos vermutet hatte, jagte Theseus ihm nach.
Der Lapithenkönig ritt ihm entgegen. Sie trafen aufeinander und zogen schon die Schwerter aus der Scheide, als ihre Blicke sich trafen. Sie verharrten und betrachteten einander lange. Einer staunte über die Gestalt und den Mut des anderen. Ihre Feindseligkeit schlug um. Sie legten ihre Waffen nieder. Peirithoos reichte Theseus die Hände und sagte: »Bestimme du, König der Athener, welche Buße ich für den Raub deiner Herden auf mich nehmen soll. Ich will tun, was du von mir verlangst.«
Theseus ergriff die Hände und antwortete: »Wenn du willst, sei mein Freund und Gefährte.«
Sie bekräftigten die Freundschaft mit einem feierlichen Schwur und wollten zusammenstehen, wenn einer von ihnen durch Feinde bedrängt wurde.
Schon kurze Zeit darauf galt es, den Eid einzulösen. Peirithoos wollte die Fürstentochter Hippodameia heiraten. Sein Freund Theseus sollte bei der Hochzeit der Ehrengast sein. Hippodameia war sehr schön und Theseus wunderte sich, dass aus dem groben Volk der Lapithen ein solches Mädchen hervorgehen konnte. Er beglückwünschte seinen Freund zu dieser Wahl.
Es wurde ein großes Fest gefeiert. Die Vornehmen der Lapithen waren alle geladen, aber auch die Kentauren

konnte Peirithoos nicht übergehen; denn sie waren verwandt mit ihm. Obwohl sie merkwürdige Wesen zwischen Mensch und Pferd waren und den Lapithen meist feindlich gegenübertraten, folgten sie der Einladung. Vielleicht hoffte Peirithoos, dass die Hochzeit die Kentauren friedlich stimmen konnte. Zunächst sah es auch so aus, als ob das gelingen könne.

Es wurde ein rechtes Freudenfest und Lapithen und Kentauren tranken sich zu, sprachen miteinander und sangen gemeinsam. Nun waren die Kentauren an den Genuss des Weines nicht gewöhnt. Ihr Blut geriet in Wallung. Besonders der Kentaure Eurytion trieb es toll und toller. Schließlich versuchte er Peirithoos die Braut zu entreißen und mit ihr zu fliehen. Die wehrte sich und schrie. Doch mit roher Gewalt packte er sie und suchte zu entkommen.

Als ob die Kentauren auf dieses Zeichen gewartet hätten, griffen sie nach den Frauen der Lapithen und wollten sie in ihre Gewalt bekommen. Einen Augenblick lang standen die Lapithen starr vor Entsetzen. Theseus versuchte als Erster sich Eurytion in den Weg zu stellen. Doch der stieß ihn zurück. Weil niemand beim Festmahl Waffen trug, griff Theseus nach einem schweren Weinkrug. Damit schlug er den Kentauren nieder. Nun hatten mit einem Male alle etwas in der

Hand, Stühle, Kerzenleuchter, bronzene Gefäße, Kannen. Es begann ein Kampf auf Leben und Tod. Schließlich trugen die Diener auch Waffen herbei. Das Gemetzel war fürchterlich.

Unter den Kentauren gab es einen, der durch Friedfertigkeit und seine schöne Gestalt besonders aufgefallen war. Blondes, gelocktes Haar umspielte sein jugendliches Gesicht. Den Pferdeleib hätte kein Künstler ebenmäßiger formen können. Er hieß Zyllaros. Seine Geliebte hatte ihn zum Fest begleitet. Sie wich ihm nicht von der Seite. Auch als der Kampf wilder und wilder tobte, blieb sie dicht bei ihm. Ein Speer traf Zyllaros ins Herz. Sie kniete neben dem Sterbenden und versuchte mit ihren bloßen Händen seinen Lebensatem zu halten. Als sie erkennen musste, dass es für ihren Liebsten keine Rettung mehr gab, riss sie ihm den Speer aus der Brust und tötete sich selbst.

Als die Kentauren endlich flohen, blieben viele Tote zurück. Es war ein schmerzvoller Sieg, den die Lapithen errungen hatten. Von diesem Tag an fühlten sich Theseus und Peirithoos einander verbunden wie Brüder.

Nach dem Tode seiner Frau Hippolyte fühlte Theseus sich einsam. So, wie es vielen Menschen geht, wenn sie altern, schweiften seine Gedanken oft in die Vergan-

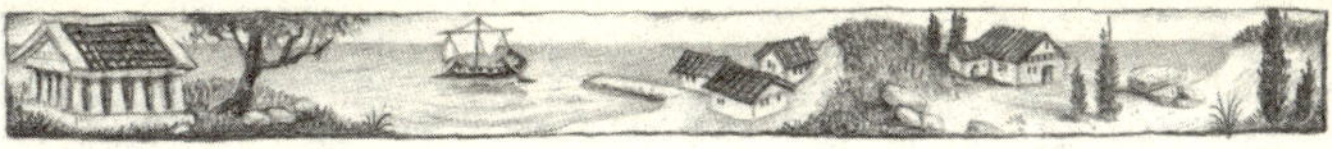

genheit zurück. Er hatte ja in Kreta die Tochter des Kreterkönigs Ariadne kennen gelernt, die ihn liebte und mit ihm von der Insel geflohen war. Immer häufiger warf Theseus sich vor, dass er Ariadne damals auf der Insel Naxos schmählich zurückgelassen hatte. Er wünschte, er hätte dem Begehren des Gottes Dionysos widerstanden und Ariadne in Athen zur Königin gemacht.

Es fiel ihm ein, dass Ariadne noch eine jüngere Schwester, Phaidra, hatte, die in Kreta im Palast ihres Bruders lebte. Dieser war nach dem Tode des Minos König geworden. Er hatte immer wieder die Sänger von den Heldentaten des Theseus singen hören. Als er erfuhr, dass der Athener gemeinsam mit seinem Freund Peirithoos die Kentauren in die Flucht geschlagen habe, beschloss er den alten Streit zwischen den Kretern und Athenern zu beenden und bot Theseus ein Bündnis an. Der ging bereitwillig darauf ein. Er besuchte den jungen Kreterkönig. Bei diesem Treffen begegnete ihm Phaidra. Sie sah Ariadne sehr ähnlich.

Theseus bat um die Hand von Phaidra. Der Kreter dachte, dass es nur gut sein könne, wenn das Bündnis mit einer Hochzeit besiegelt würde, und stimmte zu, obwohl Phaidra so viel jünger war als Theseus, dass er

ihr Vater hätte sein können. Zwei Söhne gingen aus dieser Ehe hervor.
Hippolytos, seinen ältesten Sohn, hatte Theseus nach dem Tod seiner Frau Hippolyte Jahre zuvor nach Troizen geschickt. Dort sollte er von Theseus' Mutter Aithra erzogen werden. Hippolytos war fern von Athen zu einem jungen Mann herangewachsen. Er hatte sein Leben der Göttin Artemis geweiht.
Als er einmal in Athen an einem Tempelfest teilnahm, sah ihn Phaidra. Die Frau seines Vaters entbrannte in heißer Liebe zu ihrem Stiefsohn. Noch unterdrückte sie ihr Verlangen nach Hippolytos. Doch Monate später begleitete sie Theseus nach Troizen. Dort gestand sie ihrer alten Dienerin, was sie für Hippolytos empfand.
Die Dienerin wollte ihrer Herrin helfen. Als Theseus für einige Zeit Troizen verlassen musste, sah die Alte ihre Stunde gekommen. Sie ging zu Hippolytos und schilderte ihm Phaidras Liebe. Ja, sie schlug ihm sogar vor Theseus vom Königsthron zu stürzen und mit Phaidra gemeinsam die Herrschaft in Athen zu übernehmen.
Hippolytos, der seinen Vater über alles liebte, war empört und verstört über dieses Ansinnen. Er wollte keine Minute länger in der Nähe Phaidras bleiben, ging aus Troizen fort und nahm sich fest vor dem Vater von der Untreue der Königin zu berichten.

Als Theseus wieder nach Troizen zurückgekehrt war, hatte Phaidra sich erhängt. Doch sie wollte an Hippolytos eine letzte Rache üben. In ihrer Tasche fand Theseus einen Brief, in dem sie behauptete, sein eigener Sohn habe sich ihr genähert und sie zur Untreue verleiten wollen.

Erbittert wartete Theseus auf die Ankunft seines Sohnes. Als er schließlich vor ihn hintrat und berichten wollte, was geschehen war, ließ Theseus ihn nicht zu Wort kommen. Er befahl seinen Dienern Hippolytos mit Schimpf und Schande aus der Stadt zu jagen. In seiner Wut schrie er: »Poseidon, du Gott der Meere, höre mich! Ich verfluche meinen Sohn wegen seiner Untat. Einst hast du mir gewährt drei Wünsche zu äußern. Du wolltest sie mir erfüllen, wann immer ich darum bitte. Jetzt flehe ich um eine einzige Gunst. Hippolytos soll an diesem Tage nicht mehr erleben, dass die Sonne untergeht. Sende du, mächtiger Gott, ihm den ewigen Tod.«

Hippolytos wurde von den Dienern hinausgeführt. Noch bevor er den Saal verlassen hatte, rief er: »Die Göttin Artemis ist meine Zeugin: Ich habe keine Schuld auf mich geladen.«

Mit seinem vierspännigen Wagen und wenigen Freunden, die ihm in die Verbannung folgen wollten, verließ

er Troizen. Er war ein geschickter Rosselenker. Die Straße führte am Meer vorbei. Mit einem Male wallte eine große Flut heran. Aus dem Wellengebirge stieg ein Meeresungeheuer empor, gehörnt wie ein Stier. Das Wasser schlug bis über die Straße. Die Rosse scheuten und brachen aus. Hippolytos vermochte sie nicht zu halten. Der Wagen stürzte um und der Königssohn wurde mitgeschleift. »Mächtiger Zeus,« rief er, »lass meine Unschuld ans Licht des Tages kommen.«
Ein Diener eilte nach Troizen zurück und überbrachte die Unglücksbotschaft. Theseus hob die Hände und dankte Poseidon, der ihm seine Rache gewährt hatte. Er sagte: »Recht ist ihm geschehen und keine Trauer erfüllt mein Herz. Und doch hätte ich Hippolytos anhören sollen, bevor ich ihn in den Tod schickte.«
In diesem Augenblick wollte die alte Dienerin der Phaidra den Saal betreten, doch die Wachen ließen sie nicht hinein. Sie stieß die Männer beiseite, warf sich vor Theseus auf die Knie und bekannte, was wirklich geschehen war.
Entsetzt lief der König aus dem Palast und eilte auf den Ort zu, an dem das Meeresungeheuer seinen Sohn vom Weg gestoßen hatte. Doch da kamen ihm die Freunde des Königssohns entgegen. Auf einer Trage wollten sie Hippolytos zurück nach Troizen bringen.

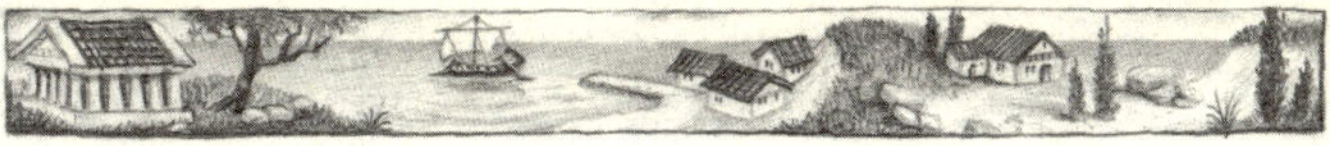

Noch war das Leben nicht vollends aus ihm gewichen, aber seine Glieder waren grässlich zerschunden und zerschlagen. Theseus beugte sich zu ihm nieder und rief voller Schmerz: »Mein Sohn, ich habe dir großes Unrecht zugefügt und Schuld auf mich geladen. Ich bitte dich mir zu vergeben.«
Ohne auf das Blut zu achten, mit dem das Leben des Hippolytos verströmte, fasste Theseus die zerschmetterte Hand seines Sohnes und legte sie auf sein Haupt. »Weh mir«, flüsterte Theseus, »an einem einzigen Tage habe ich meine Frau und meinen Sohn, das ganze Glück meiner letzten Jahre verloren.«
Als er das aussprach, ahnte er noch nicht, das ihn tatsächlich das Glück in allen Dingen ganz und gar verlassen hatte.

Nach einer Zeit der Mutlosigkeit und der Trauer kehrte Theseus von Troizen nach Athen zurück. Wohl um seinen Schmerz zu vergessen, zog er mit seinem Freund Peirithoos durchs Land und wollte Abenteuer erleben. Sie kamen auch nach Sparta. Da wuchs ein Mädchen heran, so schön, wie die beiden Freunde noch nie eines gesehen hatten. Ihr Name war Helena, eine Tochter des Zeus und der Leda.
Bei ihren Brüdern, den Zwillingen Kastor und Poly-

deukes, warben die Freunde um das Mädchen. Doch die wiesen die Freier ab. Da raubten Theseus und Peirithoos die schöne Helena und warfen das Los, wer von ihnen sie bekommen sollte. Sie versprachen sich, dass derjenige, der Helena besitzen würde, dem Verlierer beistehen müsse eine andere schöne Frau zu gewinnen. Das Los fiel auf Theseus.

Der konnte sich wohl denken, dass die Spartaner den Raub nicht so einfach hinnehmen würden. Deshalb verbarg er Helena in der Stadt Aphidnä und holte seine Mutter Aithra aus Troizen, damit Helena nicht einsam sei. Dann zog er mit Peirithoos los, um auch für ihn eine Frau zu finden.

Man erzählt, dass die beiden sogar in den Hades, ins Totenreich, vordrangen, um Persephone zu rauben. Doch ungestraft durfte kein Sterblicher in das Reich der Schatten eindringen. Der König der Unterwelt, Hades selbst, bannte die beiden vor den Toren des Palastes auf zwei Felsensitze. Wer darauf saß, vergaß alles, was vorher gewesen war. Lange Zeit mussten sie dort verweilen. Theseus wurde schließlich von seinem Vetter Herakles aus der Unterwelt erlöst, Peirithoos aber kehrte nie mehr zurück.

Dieses Erlebnis hatte Theseus verändert. Er erfuhr, dass Kastor und Polydeukes nach Athen gekommen waren, um Helena zu befreien. Dort wurde ihnen verraten, wo die Schwester sich befand. Sie zogen nach Aphidnä und es gelang ihnen und ihren Kämpfern, Helena nach Sparta zurückzubringen. Als Gefangene nahmen sie Theseus' Mutter Aithra mit.

Theseus verzichtete darauf, einen Krieg mit Sparta vom Zaun zu brechen, um Helena zurückzuholen, und fügte sich in sein Schicksal. Er wollte wieder an der Spitze seines Volkes stehen. Doch in Athen war vieles anders geworden. Menestheus hatte den Bürgern geschmeichelt und versprochen, es würde allen besser gehen, wenn Theseus nicht mehr ihr König sei. Einige mächtige Familien in der Stadt, die sich durch die neue Ordnung ungerecht behandelt fühlten, schlugen sich auf die Seite von Menestheus. Von dessen schönen Reden eingelullt, gewann er auch unter den einfachen Leuten eine wachsende Anhängerschaft. Theseus spürte bald, dass er an Einfluss verlor.

Er wollte keinen Bürgerkrieg und ging enttäuscht aus Athen fort. Mit einem Schiff segelte er übers Meer zu der Insel Skyros. Dort herrschte Lykomedes, den er für seinen Freund hielt. Lykomedes verdankte nämlich dem Athenerkönig Aigeus große Ländereien. Theseus bat Lykomedes, er möge ihm von dem, was er von seinem Vater bekommen hatte, ein kleines Landgut über-

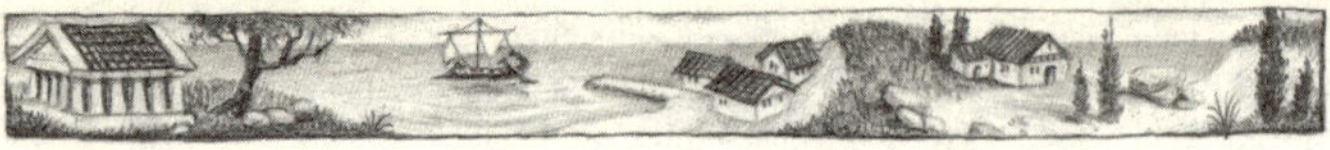

lassen, auf dem er in Abgeschiedenheit und Frieden die letzten Jahre seines Lebens verbringen könne.
Lykomedes fürchtete, er würde sich die neuen Herrscher von Athen zu Feinden machen, wenn er Theseus Zuflucht gewähre. Er zeigte sich aber sehr freundlich und führte Theseus auf den höchsten Berg der Insel. »Alles, was dein Auge sieht,« sagte er und zeigte mit dem ausgestreckten Arm rundum, »alles das, Theseus, verdanke ich deinem Vater Aigeus. Aber was schulde ich dir?«, und mit einem harten Stoß stürzte er Theseus in den Abgrund.

Es dauerte Jahrhunderte, bis sich die Athener an den König erinnerten, der auf seine Macht als Tyrann verzichtet und ihnen die Bürgerrechte gegeben hatte. Sie beschlossen, ihm eine späte Ehre zu erweisen und seinen Leichnam in der Stadt würdig zu bestatten. Sie zogen nach Skyros und suchten sein Grab. Doch niemand konnte ihnen Auskunft geben, wo der ermordete König verscharrt worden war.
Erst als Athen die Insel mit Krieg überzog und eroberte, enthüllte sich das Geheimnis. Der Feldherr Kimon wurde auf einen Adler aufmerksam, der sich merkwürdig verhielt. Der mächtige Adler zog enge Kreise, stieß zu einer bestimmten Stelle hinab, stieg wieder in

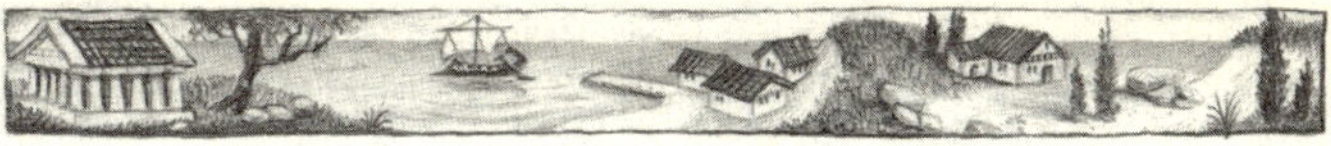

die Lüfte und fiel abermals wie ein Stein vom Himmel, wieder und wieder. Kimon ritt zu der Stelle und wollte sehen, ob dort vielleicht der Adler eine Beute erspäht hatte, die ihm aber zu groß war, als dass er sie schlagen konnte. Doch nun ließ der Adler sich auf den Boden nieder, scharrte in der Erde und flog auch nicht auf, als Kimon ganz nahe war.

Der Feldherr befahl seinen Soldaten diese Stelle aufzugraben. Sie stießen bald auf ein Skelett, das mit einem Schwert gegürtet war. Der Knauf des Schwertes war aus Elfenbein. Sie erkannten, dass dies das berühmte Schwert des Theseus war, das er einst unter dem Felsblock hervorgezogen hatte.

Die Schiffe kehrten mit den Gebeinen des Helden, dem die Stadt so viel verdankte, nach Athen zurück. Die Bürger jubelten dem Toten zu. In einem prachtvollen Grab wurde er unterhalb der Burg bestattet. So erwiesen die Athener Theseus spät die Ehre, die sie ihm zu Lebzeiten verweigert hatten.

Io

Im Königshaus der Pelasger wuchs ein sehr schönes Mädchen heran. Es hieß Io. Der Vater, König Inachos, war sehr stolz auf seine Tochter. Er dachte nicht daran, dass Schönheit manchmal auch wie ein Fluch auf einem Menschen lasten kann, und hatte große Pläne mit ihr.

Eines Tages hütete Io eine Herde ihres Vaters. Da fiel der Blick des mächtigen Gottes Zeus voller Begierde auf das Mädchen. Er trat in der Gestalt eines jungen Mannes auf sie zu und versuchte sie mit schönen Worten zu betören. Als Io seine Schmeicheleien nicht ernst nahm und nur darüber lachen konnte, gab er sich zu erkennen und sagte ihr, dass er einer der Unsterblichen sei. Io erschrak und floh vor ihm. Doch er jagte ihr nach und holte sie ein. Als er Io gepackt und ihr Gewalt angetan hatte, fiel ihm seine Gattin Hera ein. Sie kannte das oft so frevelhafte Treiben von Zeus und wusste wohl um seine Schwäche für die schönen Geschöpfe aus dem Menschengeschlecht. Zeus ließ einen dichten Nebel aufwallen, um Io und sich den Blicken der Hera zu entziehen. Aber gerade der weiße Dunst machte die Göttin misstrauisch. Nebel am Vormittag, der weder aus den feuchten Wiesen noch aus den Flusstälern aufwallte? Sollte Zeus etwas vor ihr verbergen wollen? Sie suchte im Olymp nach ihm, fragte auch die anderen Götter, doch sie erhielt keine Auskunft. Da befahl sie dem Wind von Osten her zu blasen und die Nebelschwaden aufzulösen.

Zeus merkte, wie die schützende Verhüllung zerstob. Flugs verwandelte er Io in eine Kuh von ebenmäßiger Gestalt, mit einem schneeweißen Fell und sanften Augen.

Hera durchschaute die List ihres Gatten. Sie lobte die Kuh, fragte, wem das schöne Tier gehöre und aus wessen Herde es entlaufen sei. Doch Zeus beteuerte, dass es keinen Besitzer gebe. Die Erde habe sich vor ihm aufgetan und die Kuh hervorgebracht.

Hera fuhr mit ihrer Hand über das seidige Fell, und obwohl sie genau wusste, was geschehen war, lobte sie die Kuh über alle Maßen und wünschte, dass Zeus ihr das Tier zum Geschenk machte.

Zeus zauderte einen Augenblick. Sollte er wirklich die schöne Io wie ein Tier fortleben lassen? Versagte er aber Hera den Wunsch, dann musste er seine Tat bekennen. Er fürchtete die Eifersucht seiner Gattin und schenkte ihr die Kuh.

Hera vermutete, dass Zeus alles versuchen werde sich

wieder in den Besitz des Tieres zu bringen. Sie rief deshalb Argos herbei, ein seltsames Wesen mit hundert Augen. Argos konnte in alle Richtungen zugleich schauen. Über diese Fähigkeit verfügte er auch, wenn er schlief. Denn dann schloss er nur die Hälfte seiner Augen, während er mit den anderen alles im Blick behalten konnte. Ihn bestimmte Hera zum Wächter über das Tier.
Die Göttin legte der Kuh ein Halfter an und Argos führte sie davon. Tagsüber ließ er sie weiden, doch nachts legte er sie in Ketten. Io, die bislang die köstlichen Speisen in dem Palast des Vaters genossen hatte und in den Nächten auf einem weichen Polster schlafen durfte, musste nun Gras fressen und mit einem harten Lager auskommen.
Io flehte Argos an ihr Los zu erleichtern, doch statt der Stimme einer jungen Frau brachte sie nur das dumpfe Gebrüll eines Rindes hervor. Eines Tages zwang sie der Durst, aus einer Pfütze zu saufen. Sie erblickte ihr Spiegelbild im Wasser. Entsetzt fuhr sie zurück vor dem, was sie da sah. Verstört rannte sie los über Berg und Tal, bis sie die Weiden erreichte, die ihrem Vater gehörten. Sie sah den Vater und ihre Geschwister, die auf der Suche nach ihr waren. Ganz nahe trat sie an den Vater heran. Der bewunderte die

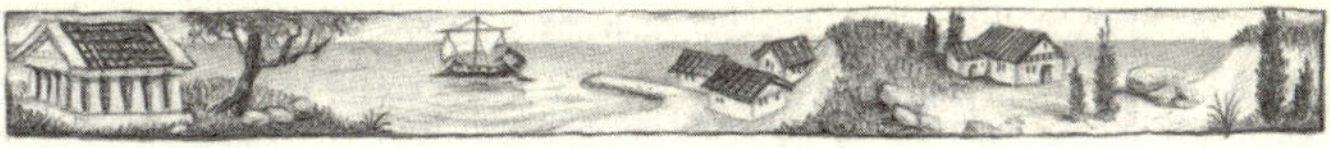

schöne Kuh, tätschelte ihr den Hals und reichte ihr eine Hand voll frischer Kräuter. Io leckte dem Vater die Hand und versuchte sie zu küssen. Ihre sanften, großen Augen füllen sich mit Tränen. Wie konnte sie ihm mitteilen, dass sie seine Tochter war?

Da fiel ihr ein, dass ein alter Lehrer ihr das Schreiben beigebracht hatte. Mühsam und ungelenk malte sie mit ihrem Huf Buchstaben in den Sand. Der Vater las und fuhr zusammen. Er brach in wilde Klage aus. Hatte er es doch so gut mit seiner Tochter vorgehabt. Ihre Hochzeit sollte bald sein und er hatte sich ausgemalt, wie schön es sei, mit seinen Enkelkindern zu spielen.

»Ach, wäre ich doch ein Gott!«, schrie er. »Ich würde alles daransetzen, dich aus diesem Zauberbann zu befreien. Ich bin zwar ein König, aber ich bin ein sterblicher Mensch und weiß, dass ich nichts für dich tun kann. Meine Trauer wird mich ins Grab begleiten.«

Da drängte Argos ihn beiseite und zerrte Io fort. Nicht noch einmal wollte er einen solchen Jammer erleben. Er führte Io in eine einsame Gegend. Von dem höchsten Punkt eines Hügels aus konnte er die Weidegründe rundum gut überschauen.

Zeus hatte gehofft, Hera würde ihm den Fehltritt verzeihen und Io nach einiger Zeit aus der Tiergestalt befreien. Doch Heras Rache kannte kein Maß. Zeus

hatte Mitleid mit Io und sann darauf, wie er sie aus ihrem Elend retten könne.
Er rief seinen Sohn Hermes herbei und befahl ihm: »Töte Argos. Er soll nicht länger der unerbittliche Wächter von Io in der Kuhgestalt sein.«
Hermes schlüpfte in die Gestalt eines Ziegenhirts, stahl aus fremden Herden Tiere und zog zu dem Ort, an dem Argos sich aufhielt. Als er in die Nähe des Hügels kam, tat er, als ob er keineswegs mit dem vieläugigen Monstrum zusammentreffen wollte, setzte sich zu seiner friedlich weidenden Herde und begann auf seiner Panflöte zu spielen.
Argos wurde aufmerksam und lud Hermes ein: »Komm, Ziegenhirt, komm her zu mir auf den Hügel. Es gibt hier genügend Futter für meine Kuh und deine Tiere. Ringsum wächst das Gras saftig und dicht. Komm näher und leiste mir Gesellschaft.«
Gar zu gern folgte Hermes der Aufforderung. Er verbrachte den ganzen Tag mit Argos, spielte ihm auf der Flöte süße Melodien vor und erzählte ihm Geschichte um Geschichte. Sicher, Argos wurde schläfrig, als die Sonne im Zenit stand, aber stets schloss er nur die halbe Zahl seiner Augen, wenn er ruhen wollte. Die anderen Augen hielt er aufmerksam darauf gerichtet, dass ihm Io nicht davonlief.

Hermes hörte nicht auf zu flöten und zu erzählen. Da fragte Argos ihn: »Woher hast du diese so schön klingende Flöte? Nie habe ich ein Instrument gesehen, das diesem ähnlich ist. Erzähle mir, wie du daran gekommen bist.«
Es ging schon auf den Abend zu, als Hermes seiner Aufforderung nachkam und mit der Geschichte der Flöte begann: »In Arkadien lebte unter den Nymphen eine, die Syrinx hieß. Oft schon hatte der ein oder andere Satyr ihr nachgestellt, doch die Göttin Artemis, die wilde Jägerin, hielt die Hand über sie. Dieser Göttin eiferte Syrinx nach, kleidete sich wie sie und ging oft auf die Jagd. Zwar besaß sie keinen goldenen Bogen wie Artemis. Der ihre war aus Horn gemacht und ebenfalls eine vorzügliche Jagdwaffe. Wenn sie auf schnellem Ross über die Heide ritt, hätte man sie für Artemis selbst halten können.
Eines Tages kam sie in die Nähe von Pan. Der gehörnte Wicht mit dem Bocksbart und den Ziegenfüßen hatte schon manchem weiblichen Wesen nachgestellt. Er verfolgte auch Syrinx. Die wäre ihm auch gewiss entkommen, aber ein breiter Fluss hinderte ihre weitere Flucht. Voller Angst rief sie ihre Schwestern, die Wassernymphen, um Hilfe an. Schon griff Pan nach ihr, Lüsternheit im Blick, doch statt des Körpers der

Nymphe hielt er ein hohles Schilfrohr umschlungen. Wütend starrte er darauf. Da kam ein leiser Abendwind auf, strich über das Rohr und es ertönte ein herrlicher Ton. Pan vergaß seine Begier nach der Nymphe und lauschte dem Klang. Er brach andere trockene Rohre aus dem Schilf und fügte sie mit Wachs und Bändern zusammen, je nach ihrer Länge, die größten links und die kleinsten rechts. Dann setzte er die Flöte an seine Lippen, und zum ersten Mal erklang eine Melodie aus diesem Instrument. Die Menschen, die später die Töne vernahmen, gaben der Flöte einen Namen und nannten sie ›die Panflöte‹.«
Die Dämmerung war hereingebrochen und Hermes schaute Argos an. Der hatte über all den Geschichten vergessen, Io für die Nacht in Ketten zu legen, ja, er blinzelte nur noch mit den Augen, die er eigentlich für die Wache offen halten wollte. Nun entlockte Hermes der Panflöte zarte, leise Töne und spielte Argos in den Schlaf. Kaum waren dem alle Augen zugefallen, griff Hermes nach einem Zweig, strich Argos behutsam über die Augen und warf den Zauber eines tiefen Schlafes über ihn. Sein Kopf sank nach vorn. Dann nahm Hermes sein Sichelschwert und trennte mit einem Hieb das Haupt des Argos vom Rumpf. Sein Kopf mit den hundert Augen rollte hügelabwärts.

Hera aber hatte das Ende ihres Wächters beobachtet, sammelte die Augen und schmückte damit die Schwanzfedern des Pfaus. Herrlich war der Vogel anzusehen und es gab keinen anderen auf der Welt, der prächtiger gewesen wäre.
Der Zorn der Göttin entflammte aufs Neue. Bevor Hermes Io zu Zeus führen konnte, damit dieser den schrecklichen Zauber von ihr nahm, schickte sie einen Schwarm wütender Wespen. Die stachen auf die Kuh ein. Wahnsinnig vor Schmerz jagte Io übers Land, suchte Rettung im Meer, doch auch das half nicht.
Zu Tode ermattet, brach sie an den Ufern des Nil in die Knie, reckte ihren Hals empor und stieß einen Klagelaut aus, der bis zum Olymp hinaufdrang.
Zeus bereute bitter, was durch seine Schuld der Königstochter geschehen war. Er umarmte Hera, schwor ihr beim Styx, dass er Io nie mehr nachstellen wolle, und flehte seine Gattin an, die Arme von ihrem Schicksal zu erlösen. Seine Bitten konnten das Herz der Hera erweichen. Sie nahm den Fluch von Io und Glied um Glied der Kuh wandelte sich zurück in das schöne Mädchen, das sie vorher gewesen war.
Als Hera jedoch erfahren musste, dass Io dem Zeus einen Sohn geboren hatte und auch dass das Volk am Nil die beiden verehrte, wurde ihr alter Groll aufs

Neue geweckt. Sie sandte das rohe Volk der Kureten aus, das den Sohn der Io entführen sollte.
Doch diesmal schaute Zeus dem Treiben seiner Frau nicht tatenlos zu. Er schleuderte seine Blitze gegen die Kureten und führte Ios Sohn zurück nach Ägypten. Dort wuchs die Verehrung für Mutter und Sohn. Sie galten als die Gottheiten Isis und Apis und es wurde ihnen ein gewaltiger Tempel gebaut.

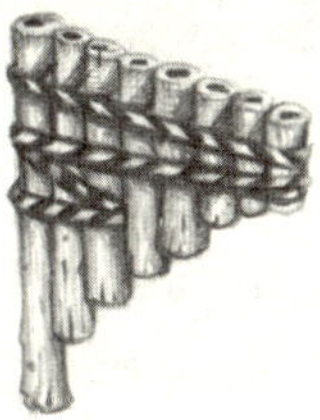

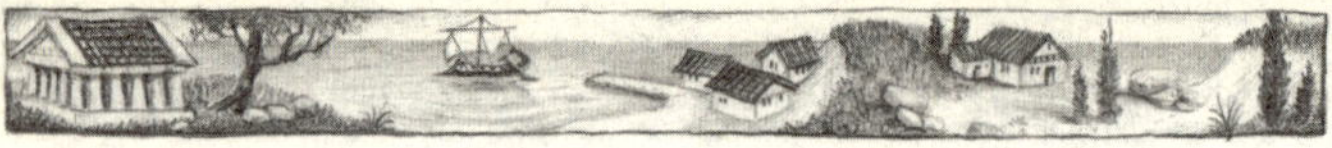

Oidipus

Als Laios König von Theben war, wurde seine Stadt von Feinden angegriffen und erobert. Laios musste fliehen. Er fand Aufnahme bei König Pelops, dem Sohn des Tantalos. Pelops schätzte Laios sehr und bat ihn seinem Sohn Chrysippos den Umgang mit Pferd und Wagen beizubringen. Chrysippos sollte bei den Olympischen Spielen am Wagenrennen teilnehmen.

Laios fand Gefallen an dem schönen Jungen. Er verliebte sich in ihn und beschloss ihn zu entführen, sobald sich eine Gelegenheit dazu bot.

Bald darauf wurde Laios berichtet, dass die Eroberer seiner Königsstadt Theben inzwischen umgekommen waren. Er nutzte die Gunst der Stunde, raubte den Sohn des Freundes und kehrte mit dem Jungen in seine Heimat nach Theben zurück.

Große Trauer erfasste Pelops. Er verfluchte Laios und rief ihm nach: »Hüte dich, Laios, der du das Gastrecht so schmählich missbraucht hast, hüte dich je Kinder zu bekommen. Wenn dir aber doch ein Sohn geboren wird, so sollst du durch seine Hand den Tod finden.«

Laios fürchtete, die Thebaner würden nicht hinnehmen, dass er auf die Dauer unverheiratet blieb und kein Sohn

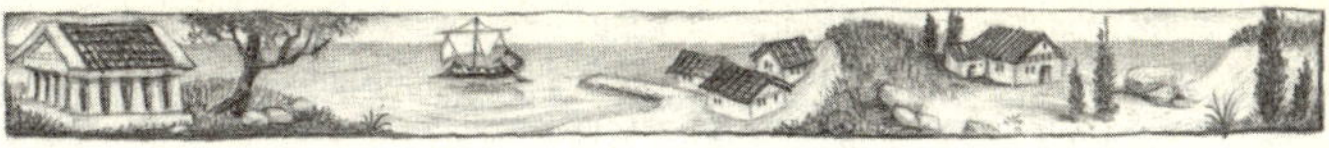

seine Nachfolge antreten könne. Deshalb warb er um Iokaste, die Schwester des Kreon. Die Hochzeit wurde zwar mit vielen Gästen gefeiert, aber es wurde eine seltsame Ehe; denn Laios blieb Iokaste lange Zeit fern.
Dreimal hatte der König das Orakel von Delphi aufgesucht und um Rat gefleht, dreimal war ihm verkündet worden: »Kein Kind darf Iokaste und dir geboren werden. Zeugst du aber gegen den Willen der Götter einen Sohn, so wird er dein Tod sein und in Blut und Elend wird dein Geschlecht untergehen.«
Iokaste kränkte es, dass der König sie mied. War es seine Neigung zu schönen Knaben, die ihn veranlasste ihrem Schlafgemach fern zu bleiben und keine Kinder zu wollen?
Sie plante ihn mit List dazu zu bringen, mit ihr zu schlafen. Eines Abends machte sie ihn betrunken und legte sich zu ihm. In dieser Nacht wurde ein Sohn gezeugt. Nun gestand Laios endlich Iokaste seine Angst und erzählte ihr von dem Fluch, den Pelops über ihn verhängt hatte. Auch den Spruch des Orakels verheimlichte er ihr nicht.
»Soll unser Sohn ein Vatermörder werden?«, rief Iokaste verzweifelt. »Wie kann er mit solcher Blutschuld leben? Lieber wollen wir ihn dem Tod übergeben, als ihn einem solchen Schicksal auszuliefern.«

Das Kind war erst drei Tage alt, als Laios und Iokaste beschlossen es beiseite zu schaffen. Sie durchstachen ihm die Sehnen an den Füßen und befahlen einem verschwiegenen und ihnen treu ergebenen Hirten, den Kleinen in das Kithairongebirge nahe der Grenze von Korinth zu schaffen und ihn dort in der Wildnis auszusetzen.

Der Hirte folgte der Weisung. Doch je näher er der Grenze kam, umso schwerer wurde ihm das Herz. Sollte er sich mitschuldig machen am Tod dieses neugeborenen Kindes?

In der Einöde begegnete ihm ein befreundeter Hirt des Königs Polybos von Korinth. Er empfand das als eine Fügung des Schicksals und berichtete dem Freund, was ihn bedrückte. Der Hirt schlug ihm vor: »Übergib mir den Kleinen. Mein König Polybos und seine Frau Merope sind kinderlos. Vielleicht werden sie für das Geschenk eines Sohnes dankbar sein. Ich werde niemand sagen, woher dieses Kind stammt. Ein Findelkind eben.«

Im Palast von Korinth wurde der wenige Tage alte Säugling von Merope und Polybos als ihr eigener Sohn aúsgegeben. Sie nannten ihn wegen seiner schlecht verheilenden Füße Oidipus, Schwellfuß. Selbst als Oidipus heranwuchs, ließen sie ihn in dem Glauben, er sei ihr leiblicher Sohn und der Erbe des Landes.

Doch die glückliche Jugend von Oidipus endete jäh, als er während eines Gastmahls, bei dem schon reichlich Wein geflossen war, von einem jungen Mann als Bastard beschimpft wurde. Empört erzählte er seinen Eltern davon. Doch die bestärkten ihn in dem Glauben, er sei ihr eigener Sohn.
Die Rede davon, Oidipus sei ein Bastard und niemand wisse, woher er wirklich stamme, kam ihm nun häufiger zu Ohren. Es wuchsen die Zweifel über seine Herkunft in ihm stärker und stärker.
Da beschloss er Apollon im Orakel in Delphi danach zu befragen. Doch Pythia, die Priesterin des Apollon, verweigerte ihm die Antwort. Stattdessen sagte sie: »Unglücklicher, du wirst der Mörder deines Vaters sein und deine eigene Mutter zur Frau nehmen.«
Zutiefst erschrocken, eilte Oidipus fort von Delphi. Er sagte zu sich: »König Polybos soll ich töten, meinen Vater, von dem ich nur Gutes erfahren habe? Über Merope, meine Mutter, soll ich Schande bringen und sie heiraten? Nie, nie werde ich solch todeswürdige Verbrechen begehen. Lieber verlasse ich den Palast und das Land und wandere als Fremdling durch die Welt.«
Er kehrte nicht mehr nach Korinth zurück. Ohne ein Ziel brach er auf. Er gelangte in ein Gebirge. Auf einem schmalen Weg kam ihm ein Wagen entgegen. Sicher

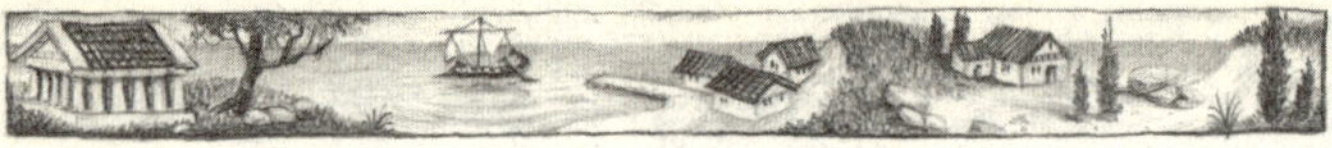

hätte sich Oidipus an die Felswand gedrängt, um das Gefährt vorbeizulassen. Aber der Wagenlenker war ein roher Kerl. »Zur Seite mit dir, du Strolch! Platz für meinen Herrn!«, schrie er und zügelte die Pferde nicht.
Oidipus war empört über den unhöflichen Menschen. Bevor er ausweichen konnte, stieß ihn der Wagenlenker mit dem Stachelstab, den er mit sich trug, um die Pferde anzutreiben. Da packte Oidipus der Zorn. Er hob seinen Wanderstecken und schlug nach dem Wagenlenker. Der schwankte und stürzte vom Wagen. Der Mann, den er gefahren hatte, stieg ab. Als er sah, dass sein Wagenlenker den Tod gefunden hatte, zog er sein Schwert und drang auf Oidipus ein. Doch Oidipus traf auch ihn mit seinem Wanderstab und tötete ihn. Er ahnte nicht, dass er zum Mörder seines Vaters geworden war. So hatte sich der Fluch des Pelops erfüllt und Laios war durch die Hand seines Sohnes umgekommen.
Noch lange irrte Oidipus im Land umher und gelangte schließlich nach Theben.
Iokaste trauerte um ihren Mann und bat ihren Bruder Kreon mit ihr gemeinsam das Land zu regieren. Das war schwer genug, denn oberhalb der Stadt hatte sich auf einem Fels ein Ungeheuer niedergelassen, die Sphinx, halb Frau, halb geflügelte Löwin. Sie war eine Schwester des Höllenhundes Kerberos. Immer wieder

kam die Sphinx in die Stadt hinein, raubte junge Männer und erwürgte sie. Unter ihren Opfern befand sich auch Haimon, der Lieblingssohn des Kreon.
Was sollten die Thebaner tun, um sich von dieser Plage zu befreien?
Kreon, von seinem Schmerz über Haimons Tod tief getroffen, ließ verkünden, die Stadt und das Land der Thebaner sollten dem zufallen, der die Sphinx vertreibe. Iokaste aber werde ihm zur Gattin gegeben. Nun hatte die Sphinx selbst den Weg gewiesen, der zur Befreiung der Stadt führen konnte. Sie wollte jedem, der sich zum Wettstreit mit ihr bereit erklärte, ein Rätsel stellen. Finde er die Lösung, sei die Stadt frei. Gelinge das aber nicht, so werde sie ihn erwürgen.
Oidipus erreichte die Stadt und hörte davon, was Kreon ausgelobt hatte. Er meldete sich, um das zu versuchen, woran schon so viele Thebaner gescheitert waren.
Als er den Felsen erreichte, schaute er der Sphinx furchtlos ins Angesicht. Die Sphinx dachte sich ein Rätsel aus, von dem sie annahm, dass kein Mensch es je lösen könne. Sie sagte: »Was ist das, es hat morgens vier Füße, am Mittag nur zwei, und wenn der Abend hereinbricht, geht es auf dreien. Es gibt außer diesem Geschöpf keines auf der Welt, das ihm gleicht.« Und

um das Rätsel noch schwerer zu machen, fügte sie hinzu: »Wenn es am meisten Füße hat, ist es am langsamsten. Was ist das?«

Oidipus brauchte nicht lange, um eine Antwort zu finden. Die Lösung schien ihm so einfach, dass er einen Augenblick zweifelte, ob er das Rechte getroffen hatte. Schließlich aber sagte er: »Das ist der Mensch. Am Morgen seines Lebens kriecht er unbeholfen auf allen vieren, ist er am Mittag seiner Jahre angelangt, steht und geht er frei auf seinen zwei Füßen. An seinem Lebensabend aber benützt er einen Stock, um sich fortzubewegen.«

Die Sphinx, voller Wut und Scham, dass ein Sterblicher sie besiegt hatte, stürzte sich den Fels hinab und nie mehr sahen die Thebaner eine Spur von ihr.

Oidipus heiratete Iokaste und hatte nun zugleich seine Mutter zur Frau. Doch das blieb zunächst ein Geheimnis. Sie verlebten miteinander glückliche Jahre. Vier Kinder wurden ihnen geboren, die beiden Söhne Eteokles und Polyneikes und die Töchter Antigone und Ismene.

Die Kinder waren schon erwachsen, als Stadt und Land von einer Seuche heimgesucht wurden. Als sie über Tage und Wochen nicht weichen wollte und schon viele Thebaner dahingerafft hatte, versammel-

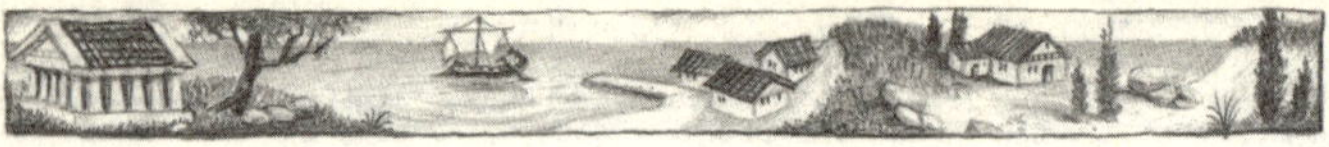

ten sich die Bürger vor dem Palast des Königs. Hatte nicht Oidipus sie schon einmal von einer schrecklichen Plage befreit?
Sie riefen nach ihm. Er trat auf der Treppe des Palastes vor sie hin und bekannte, dass auch er keinen Rat wisse. Doch er habe seinen Schwager Kreon nach Delphi geschickt, um von Apollon durch den Mund der Pythia zu erfahren, was zu tun sei.
Als Kreon zurückkehrte, überbrachte er eine dunkle Botschaft. Er sagte: »Unter uns lebt verborgen der, der König Laios ermordet hat. Solange er nicht gefunden und zur Stadt hinausgejagt worden ist, wird die Seuche nicht weichen.«
Oidipus rief das Volk zusammen und befahl nach dem Mörder des Laios zu fahnden. Er versprach dem einen hohen Preis, der ihn benennen würde. »Forscht im ganzen Land, und selbst wenn ihr ihn in meinem Palast und unter meinen Tischgenossen findet, habt keine Scheu und nennt ihn mir. Wer den Mörder aber kennt und seinen Namen nicht preisgibt, den soll mein Fluch treffen.«
Als sich auch daraufhin niemand meldete, ließ er den alten Seher und Wahrsager Teiresias rufen. Der war blind von seinen Jugendjahren an. Als er noch ein Hirt gewesen war, hatte er an einer heiligen Quelle die Göt-

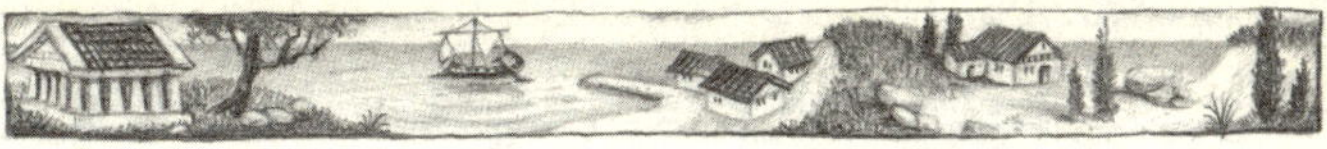

tin Athene erblickt, die nackt dort badete. Er wandte sich nicht von dem verbotenen Anblick ab. Die Göttin entdeckte ihn. Sie legte ihm die Hand über die Augen und er erblindete. Vielleicht hätte sie den Sterblichen auch getötet, der sie angestarrt hatte, aber dann sah sie, dass er sehr jung war. Sie bekam Mitleid mit dem Jungen. Er war ja kaum dem Kindesalter entwachsen. Sie verlieh ihm die Kraft des Wahrsagens und schenkte ihm sieben Leben.

Teiresias folgte dem Ruf des Königs und kam nach Theben. Ein Kind führte ihn. Als Oidipus ihn befragte, sah Teiresias mit Schrecken, warum die Götter die Seuche über Theben geschickt hatten, und weigerte sich die verborgene Wahrheit aufzudecken. Da beschuldigte Oidipus ihn im Zorn: »Vielleicht bist du ein Kumpan des Mörders, vielleicht hast du selbst deine Hand im Spiel gehabt, als Laios sterben musste.«

Teiresias antwortete ihm: »Oh du unglücklicher König. Du selbst bist es gewesen, der Laios erschlagen hat.«

Empört wandte Oidipus ihm den Rücken zu. Er befragte Iokaste genau nach den Umständen, unter denen Laios zu Tode gekommen war. Ein entsetzlicher Verdacht stieg in ihm auf. Sollte er es wirklich gewesen sein? War der, den er auf dem Weg nach Theben niedergeschlagen hatte, sein Vater? Er, ein Vatermörder? Iokaste versuchte seine Bedenken zu zerstreuen und sagte: »Dir ist doch auch vorausgesagt worden, du würdest deine eigene Mutter zur Frau nehmen. Bin ich etwa Merope, deine Mutter?«

Kreon aber, im Geheimen selbst begierig der König von Theben zu werden, forderte Oidipus auf das Land zum Wohle der Menschen zu verlassen. Oidipus weigerte sich und es gab einen erbitterten Streit zwischen den beiden. Kreon schied als Feind aus dem Palast.

Oidipus wollte Gewissheit. Kurz darauf meldete sich der Hirt, der ihn als Kind damals ins Gebirge getragen hatte. Er bekannte, er habe es nicht übers Herz gebracht, dem gerade erst geborenen Jungen das Leben zu nehmen. Ein besonderes Zeichen des Kindes sei gewesen, seine Fußsehnen waren zerschnitten worden. Ein Hirt des Polybos habe den Kleinen genommen und ihn an den Königshof in Korinth gebracht. Dort sei er wie ein Sohn aufgezogen worden.

Stumm vor Entsetzen vernahmen Iokaste und Oidipus diese Nachricht. Jetzt war es sicher, Oidipus war Iokastes Sohn und Gatte zugleich. Iokaste raufte sich die Haare und rannte in das Innere des Palastes.

Oidipus suchte sie lange. Als er sie endlich fand, hatte

sie sich mit ihrem Gürtel an einem Haken erhängt. Verzweifelt nestelte er von ihrem Kleid eine goldene Schließe und stach sich mit der Nadel beide Augen aus. Von seinen Dienern verlangte er hinausgeführt zu werden.
Die Nachricht von dem Verhängnis hatte sich schnell in der ganzen Stadt verbreitet. Viele waren zum Palast geeilt, wohl auch, um Oidipus zu steinigen. Aber dann trat er vor sie hin. Sie sahen seine Jammergestalt und die leeren Augenhöhlen und wurden von Mitleid gerührt. Keine Faust erhob sich, um einen Stein zu schleudern. Auch Kreon kam herbeigeeilt. Er führte den blinden König ins Haus zurück. Doch der wollte nicht länger der Herr über Theben sein und übergab Kreon die Königswürde. Er selbst erbat sich nur eine kleine Kammer, um dort den Rest seines Lebens verbringen zu dürfen. Kreon, von Oidipus' Unglück überwältigt, erfüllte ihm diese Bitte.
Doch bald bereute er seine Großzügigkeit. Damit die Thebaner nicht immer wieder den blinden König sehen konnten und an die guten Zeiten unter seiner Herrschaft erinnert wurden, verbannte er Oidipus in ein finsteres Verlies. Bei seinen Söhnen Polyneikes und Eteokles fand der blinde Vater keine Hilfe. Beide vertrauten darauf, dass ihr Onkel Kreon einst einen

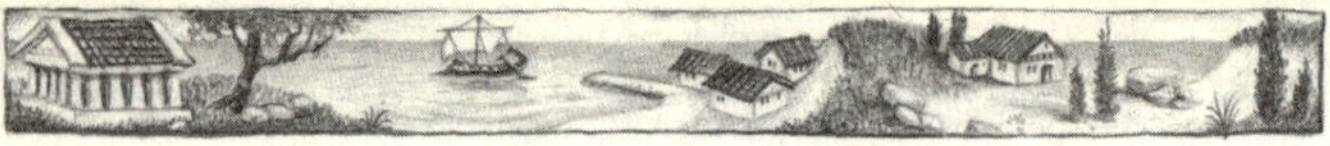

von ihnen zu seinem Nachfolger ernennen würde. Ja, sie widersetzten sich nicht einmal, als Kreon eines Tages den Blinden aufforderte die Stadt und das Land für immer zu verlassen, damit allmählich die Erinnerung an ihn verblasse.

Nur die Töchter des Oidipus standen ihm treu zur Seite. Sie beschlossen, dass Antigone mit Oidipus in die Fremde ziehen sollte, damit der Vater nicht führerlos umhertappen musste. Ismene aber wollte im Palast bleiben, um zu beobachten, was mit Theben in der Zukunft geschah.

»Ich werde in die Verbannung gehen, wie du es willst«, sagte Oidipus zu Kreon. »Gewähre mir nur eine Gnade, wenn ich aus dem Land der Lebenden scheide, dann lasse es zu, dass ich in der Erde der Heimat mein Grab finde.«

Kreon antwortete: »Das Grab eines Mannes, der solche Blutschuld auf sich geladen hat, würde Theben Unglück bringen.« Und er jagte ihn hinaus.

Als Bettler zogen Oidipus und Antigone durch das Land. Oidipus suchte in der Fremde nur noch seinen Tod. Zum Kithairongebirge strebte er. Dort, wo er zu Beginn seines Lebens umgebracht werden sollte, wollte er sterben. Doch zuvor nahm er noch einmal den Weg nach Delphi, um ein letztes Mal das Orakel zu

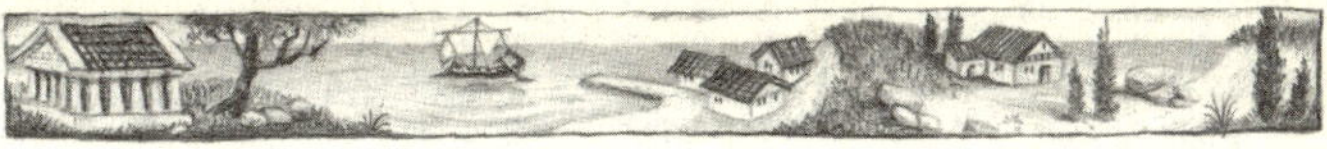

befragen. Diesmal wurde ihm ein tröstlicher Spruch zuteil. Pythia sprach: »Nicht auf ewig soll dich der Zorn der Götter verfolgen. Wandere so lange weiter, bis du erlöst wirst. Die Eumeniden werden dir in ihrem heiligen Hain eine Stätte der Zuflucht bereiten.«

Den Namen Eumeniden hatten die Menschen den Rachegöttinnen gegeben. Eigentlich hießen sie Erinnyen. Doch wollte niemand mit der Nennung dieses Namens ihre Wut entfachen.

So zog Oidipus weiter durch das ganze Land, barfuß und im Büßerkleid. Alt und müde geworden, haderte er nicht mehr mit seinem Geschick und war zufrieden mit dem, was die Tage ihm brachten.

An einem Abend im Frühling erreichten seine Tochter und er einen Ruheplatz. In der Nähe lag ein Dorf und sie befanden sich nicht weit entfernt von der Stadt Athen. Sie beschlossen die Nacht dort zu verbringen. Die Dämmerung brach herein und die Nachtigallen ließen ihre süßen Stimmen erschallen. Oidipus ließ sich den Ort von Antigone genau beschreiben. Er vermutete, dass sie sich an einer heiligen Stätte befanden.

Ein Bauer, der sich auf dem Heimweg befand, forderte sie auf den Platz zu verlassen. Keines Menschen Fuß sollte diesen Hain der Eumeniden betreten. Oidipus begriff, dass er das Ziel seines unsteten Umherwanderns gefunden hatte. Er fragte den Bauern: »Sag mir, wer ist der König in diesem Land?«

Der Bauer wunderte sich und antwortete: »Bist du der einzige Mensch weit und breit, der unseren König nicht kennt? Weißt du nicht, dass Theseus ein großer Held ist, dessen Taten die Sänger besingen?«

»Sendet aus eurem Dorf einen Boten zu ihm und meldet ihm: Im Hain der Eumeniden wartet ein Blinder. Wenn du ihn aufsuchst, wird Athen und dem ganzen Land ein großes Glück widerfahren.«

Die Dorfbewohner stritten lange, ob sie mit einer solchen Botschaft dem König unter die Augen treten sollten. Doch dann wählten sie einen jungen Mann aus, der Theseus überbringen sollte, was der Blinde von ihm wünschte. Inzwischen näherte sich eine Reiterin dem Hain. Ein einziger Diener folgte ihr. Sie sprang vom Pferd und begrüßte Oidipus. Der erkannte an der Stimme seine Tochter Ismene. Freude und Schreck zugleich erfüllten ihn. Was war in Theben geschehen, dass sie die Stadt verlassen hatte? Die Botschaft, die sie brachte, war schlimm.

Ismene berichtete: »Vater, es geht nicht friedlich zu in Theben. Deine Söhne wollen beide König sein. Polyneikes ist der ältere und hätte als erster das Recht auf deine Nachfolge. Aber Eteokles macht dem Volke vie-

lerlei Versprechungen. Es ist ihm gelungen, die Bürger auf seine Seite zu ziehen. Mit Kreon hat er sich verbündet und will ihn an der Herrschaft teilhaben lassen. Im Zorn ist Polyneikes nach Argos geflohen. Dort hat ihm der König seine Tochter zur Frau gegeben. Mit vielen Bundesgenossen will er gegen Theben ziehen und die Macht mit Gewalt an sich reißen.«
»Und warum, Tochter, sagst du das mir? Ohnmächtig ist ein blinder Bettler. Nichts ist mir geblieben, womit ich helfen könnte.«
»Doch, Vater, du kannst helfen. Das Orakel hat deinen Söhnen verheißen, dass nur der König wird, der dich aufnimmt.«
»Ich bin am Ziel meiner Reise, Tochter. Diesen Ort werde ich nicht mehr verlassen.«
Ismene sagte: »Vater, ich bin schnell geritten, um dich zu warnen. Kreon ist auf dem Weg zu dir. Er will dich mit Gewalt zurückschleppen. Aber wenn du in Theben stirbst, will er dich nicht dort begraben.«
In diesem Augenblick erreichte Theseus den Hain.
»Ich kenne dein schlimmes Schicksal wohl, König von Theben. Sag, was du von mir willst. Wenn es in meiner Macht steht, werde ich deine Bitte erfüllen.«
»Ich möchte hier in diesem Hain der Eumeniden begraben werden. Das Ziel meiner Irrfahrt ist erreicht.

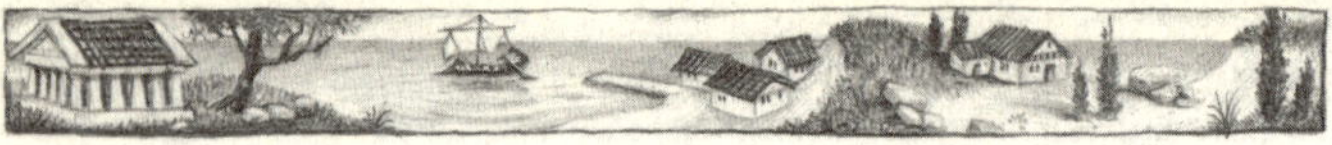

Reicher Segen wird über Athen kommen, wenn mein toter Leib in dieser Erde seine letzte Ruhe findet.«

»Das ist eine kleine Gunst, Oidipus, die ich dir gern gewähre.«

»Nicht ganz so klein, wie du glaubst, Theseus. Bald werden die Aasgeier kommen und sich um den toten Oidipus schlagen. Kreon soll schon auf dem Wege hierher sein und mein Sohn Polyneikes wird ihm sicher bald folgen.«

»Das Gastrecht ist in meinem Lande heilig. Ich werde dir Schutz gewähren, gegen wen auch immer.«

Kaum hatte Theseus sich auf den Weg zurück nach Athen begeben, da erreichte Kreon mit einer Anzahl bewaffneter Gefährten den Ort. Mit schmeichelhaften Reden wollte er Oidipus bewegen ihm nach Theben zu folgen. Doch Oidipus kannte seine Absichten und wies ihn ab. Da drang Kreon mit seinen Leuten frevelhaft in den heiligen Hain ein. Die Thebaner schleppten Ismene und Antigone mit Gewalt fort.

»Wo sind nun die Töchter, die dir die Augen ersetzen?«, spottete Kreon und wollte Oidipus packen und wegschaffen lassen. Doch die Bewohner des Dorfes hatten ihrem König berichtet, dass die Thebaner in ihr Gebiet eingefallen waren.

Eilends ritt Theseus zurück. Er ließ Kreon in Fesseln

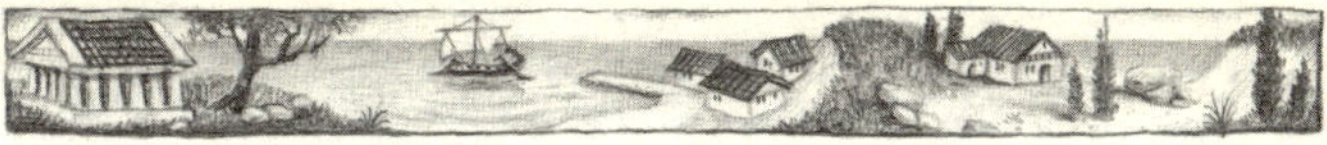

legen und drohte ihm: »Ich will deine Stricke erst lösen, wenn Oidipus' Töchter wieder hier sind. Wenn du also nicht mein Gefangener bleiben willst, dann lasse Ismene und Antigone frei.«

Kreon fürchtete sich mit dem mächtigen Athen einen Krieg vom Zaun zu brechen. »Wie konnte ich ahnen«, sagte er leise, »dass man in deinem Land einem Vatermörder Zuflucht gewähren will.« Er ordnete an, dass die beiden Mädchen zurückgebracht werden sollten.

Theseus ließ seine Fesseln lösen und befahl ihm auf dem schnellsten Wege sein Land zu verlassen.

Auch Polyneikes kam wenige Tage später bei seinem Vater an und bat um Gnade für sein Verhalten in Theben. »Vater, ich habe meinem Bruder angeboten mit ihm die Herrschaft zu teilen. Aber er geht nicht darauf ein, obwohl ich der ältere Sohn bin. Komm mit mir, damit das Volk sieht, dass ich zu Recht den Anspruch auf das Königtum in Theben erhebe.«

»Du, Polyneikes, hast mich verraten und vertrieben. Nicht einmal so viel Erde wolltest du mir gönnen, wie für mein Grab in der Heimat nötig gewesen wäre. Geh weg von mir. Du kannst mein Sohn nicht länger sein. Ich habe nur noch zwei Kinder, Ismene und Antigone. Du aber wirst die Rache der Götter zu spüren bekommen. Nie wirst du der König von Theben.«

Grollend entfernte sich Polyneikes und er schwor, er wolle mit seinen Bundesgenossen gegen Theben ziehen und die Stadt erobern.

Es zog ein Gewitter herauf und die Erde begann zu beben. Oidipus rief ein letztes Mal nach Theseus. Er flehte ihn an sich seiner Töchter anzunehmen. Dann schritt er neben Theseus in den heiligen Hain hinein. Antigone und Ismene und alle, die sich in der Nähe befanden, schauten ihnen nach. Unter Blitz und Donner wurde Oidipus ihren Blicken entzogen. Eine Erdspalte hatte sich aufgetan. Theseus musste, geblendet von dem Blick in die Unterwelt, seine Augen mit der Hand bedecken. Oidipus aber wurde ganz sanft in den Hades geleitet. Sein Leben hatte ein Ende ohne Schrecken gefunden. Die Gewitterwolken verzogen sich. Theseus hielt sein Versprechen, nahm die Töchter des Oidipus in Athen auf und gewährte ihnen seinen Schutz.

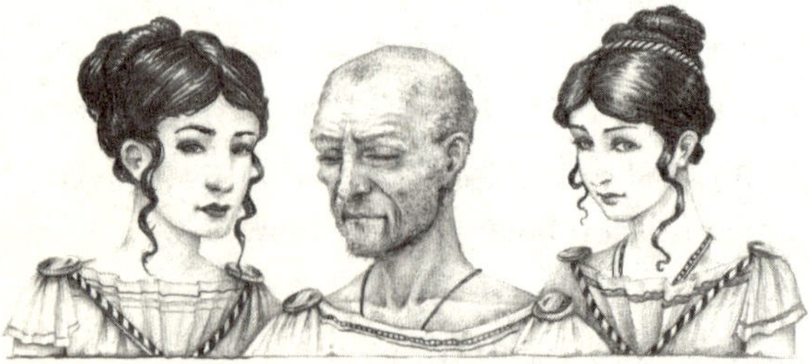

Ion

Erechtheus herrschte als König in Athen. Unter seinen Kindern war ein Mädchen von besonderer Schönheit. Sie hieß Kreusa. Der göttliche Apollon verliebte sich in sie. Er lockte das Mädchen in eine Höhle und verführte es.

Bald wusste Kreusa, dass sie ein Kind von Apollon erwartete. Ängstlich verbarg sie ihre Schwangerschaft vor allen, selbst vor ihrem Vater; denn sie fürchtete seinen Zorn. In aller Heimlichkeit brachte sie das Kind in jener Höhle zur Welt, in der sie mit Apollon zusammen gewesen war. Es war ein Junge. Vergeblich hoffte sie darauf, dass Apollon zurückkomme und sich zu dem Kind bekenne. Doch der schien sie längst vergessen zu haben.

In ihrer Angst verfiel Kreusa auf einen verzweifelten Ausweg. Sie ließ sich ein Körbchen flechten und stickte in das Tuch einer Windel die Furcht erregende Fratze der Medusa mit ihren Schlangenhaaren. In diese Windel wickelte sie das Kind und hoffte, dass jeder, der ihm Böses wollte, voll Furcht zurückweiche, wenn sein Auge das schreckliche Bild erblickte. Auch ein kostbares Halsband, einen Ring und ein Armband aus

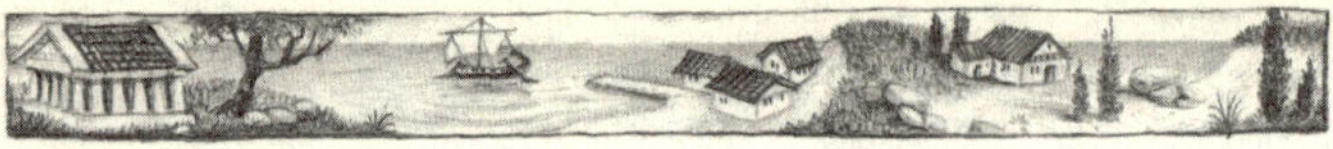

ihrem Schatz legte sie in das Körbchen. Dann trug sie ihr Kind in die Höhle, in der sie es geboren hatte.
»Ich vertraue darauf, mein Kleiner«, sagte sie unter Tränen, »dass dich dein Vater hier nicht elend umkommen lässt.«
Als sie am nächsten Morgen zur Höhle eilte und nach dem Kind schauen wollte, fand sie es nicht mehr dort. Sie tröstete sich mit dem Gedanken, dass der Gott sich des Jungen angenommen habe.
Tatsächlich war das Geschrei seines Sohnes in der Nacht an Apollons Ohr gedrungen. Er eilte herbei und ungeschickt im Umgang mit kleinen Kindern, wusste er nicht, wie er den Jungen beruhigen sollte. Schließlich nahm er seine Leier und sang ihm Lieder vor.
Ich werde ihn zu meinem Tempel nach Delphi bringen und auf die Schwelle legen, dachte er sich. Meine Priesterin Pythia wird ihn am Morgen dort finden. Damit sie ihn nicht irgendeiner Frau anvertraut, will ich in ihrem Herzen die Zuneigung und das Gefühl einer Mutter wecken, die auf ihr Kind schaut.
Es kam, wie er vorausgesehen hatte. Pythia nahm das Kind mit in den Tempel und zog es auf. Sie nannte es Ion. Je älter der Junge wurde, umso mehr wuchs die Freude der Priesterin an ihm. Kaum hatte er das

Jünglingsalter erreicht, da setzte sie ihn zum Verwalter der vielen Gaben und Schätze des Tempels ein.
Viele Menschen machten sich auf den Weg nach Delphi und suchten Rat und Hilfe. Sie brachten Apollon reiche Geschenke mit und hofften, dass die Priesterin ihnen einen tröstenden Orakelspruch verkünden konnte. Ion erwies sich als vertrauenswürdig und alle hatten ihn gern.
Dennoch war der junge Mann oft traurig und grübelte nach, warum er keine Antwort auf die Frage bekam, wer seine Mutter, wer sein Vater sei.
Kreusa konnte den Jungen nicht vergessen. Oft haderte sie mit sich, dass sie ihn ausgesetzt hatte. So gingen die Jahre ins Land.
Schon manche Freier waren zu ihrem Vater Erechtheus gekommen und hatten den König um die Hand der schönen Tochter gebeten. Doch jedes Mal, wenn der König Kreusa nach ihrer Meinung dazu fragte, verweigerte sie die Heirat.
Eines Tages drohte den Athenern ein Krieg. Der König der Nachbarinsel Euboia führte sein Heer heran und wollte Athen bezwingen. Vielleicht wäre das auch gelungen, denn Erechtheus war nicht auf einen kriegerischen Überfall vorbereitet.
Doch da kam den Athenern ein fremder Held zur Hil-

fe, Xuthos, ein Enkel des Zeus, und gemeinsam konnten sie die Angreifer besiegen. Beim festlichen Siegeszug schritt Kreusa neben dem Retter der Stadt. Xuthos war hingerissen von ihrer Schönheit und wollte sie zur Frau nehmen. Das konnten ihm wegen seiner Verdienste um Athen weder Erechtheus noch Kreusa verweigern.

Apollon blickte missgünstig auf das Glück des jungen Paares. Rachsüchtig, weil die Sterbliche ihn offenbar über der Liebe zu einem Menschen vergessen hatte, schlug er sie mit dem Schicksal der Kinderlosigkeit. Man riet Xuthos und Kreusa, doch das Orakel zu befragen. So machte sich Kreusa mit einigen Dienerinnen nach Delphi auf. Xuthos wollte ihr später folgen. Als Kreusa am Tempel des Apollon ankam, überfielen sie schwarze Gedanken, und voller Verbitterung dachte sie daran, was der Gott ihr angetan hatte. Sie setzte sich auf die Stufen und begann bitterlich zu weinen. Ion kam heraus und bemerkte die schluchzende Frau. Er ging zu ihr und versuchte sie zu trösten.

Das, was Kreusa so viele Jahre vor allen Menschen verschwiegen hatte, brach nun aus ihr heraus. Sie erzählte dem jungen Mann ihr ganzes Leid. Und weil der eigene Schmerz oft durch ein ähnliches Schicksal eines anderen Menschen gemildert wird, berichtete ihr

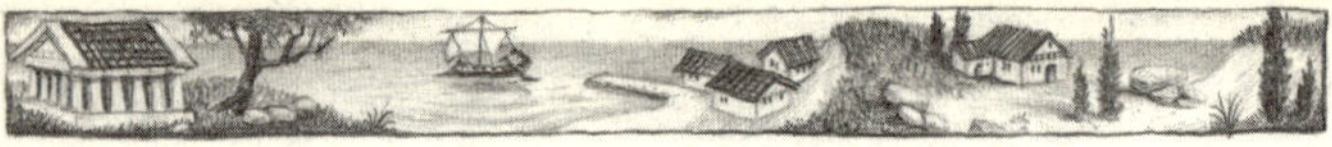

Ion, dass er ebenfalls Schlimmes ertragen müsse und weder Vater noch Mutter je gekannt habe. Er sagte zu Kreusa: »So viele Jahre sind vergangen, seit das alles geschehen ist. Das Orakel wird dir bestimmt besseren Trost spenden, als ich es kann.«

Inzwischen war auch Xuthos in Delphi angekommen. Er hatte durch ein anderes der fünf Tore des Tempels den heiligen Ort betreten und das Orakel befragt, ohne dass Kreusa davon wusste.

Gerade als Ion die Frau verließ und in den Tempel zurückgehen wollte, trat Xuthos erregt heraus. Er sah Ion, eilte auf ihn zu und umarmte ihn voll Freude und rief: »Du bist der Sohn, den Apollon mir durch den Mund der Priesterin verheißen hat.«

Ion und Kreusa waren verblüfft. Hatte Xuthos den Verstand verloren? Doch der berichtete, welches glückliche Orakel ihm zuteil geworden war.

»Mit eigenen Ohren habe ich den Spruch des Gottes gehört. Er lautete: Der erste junge Mann, der dir vor dem Tempel begegnet, der ist ein Geschenk des Gottes und soll dein Sohn sein.«

In seiner Freude verkündete Xuthos, dass ein großes Fest gefeiert werden sollte. Alle Bewohner lud er ein und ließ ein riesiges Zelt aufschlagen.

Kreusa war enttäuscht, dass nun ein Sohn in ihr Hause

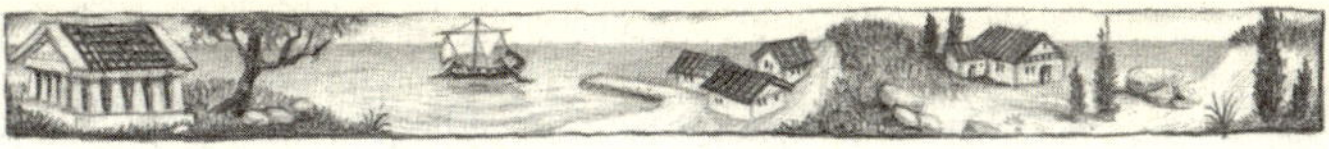

einziehen werde, aber sie nicht die Mutter war. Da flüsterte ihr eine alte Dienerin ein: »Xuthos, edle Herrin, treibt ein böses Spiel mit dir. Es mag schon richtig sein, dass er Ion als Sohn bezeichnet. Aber niemals ist der Junge ein Gottesgeschenk. Xuthos wird ihn mit einem anderen Weib gezeugt haben. Er hat den Orakelspruch erfunden, um den Bastard in den Palast in Athen aufnehmen zu können und dich hinters Licht zu führen.«

Je länger Kreusa über die Worte der Dienerin nachdachte, desto glaubwürdiger erschienen sie ihr. Als diese Frau ihr später vorschlug sich an Xuthos zu rächen und Ion beim Festmahl zu vergiften, da stimmte sie dem Plan zu.

Das Fest war auf seinem Höhepunkt, als die Dienerin Ion den Giftbecher reichte. Er setzte ihn schon an die Lippen, als plötzlich ein Schrei ertönte. Es klang, als ob jemand gerufen hatte: »Trink nicht dein Verderben! Trink nicht!«

Ion erschrak und der Becher glitt ihm aus den Händen. Der Wein ergoss sich über den Boden. Niemand wusste zu sagen, wer den Warnruf ausgestoßen hatte. Wollte irgendwer nur einen schlechten Scherz mit Ion treiben? Er lachte über seine Schreckhaftigkeit und ließ sich einen neuen Becher bringen.

Da flog eine weiße Taube in das Zelt, setzte sich auf den Boden und nippte von dem vergossenen Wein. Viele schauten dem seltsamen Schauspiel zu. Es dauerte nur einen Augenblick, da breitete die Taube ihre Flügel aus, zuckte ein paar Mal und war tot.
Xuthos ergriff die alte Dienerin, die Ion den Becher gereicht hatte. Zitternd vor Angst, gestand sie ihre Untat.
»Aber Kreusa, meine Herrin, hat es gewusst und es so gewollt«, kreischte sie.
Da wurde die ganze Festgesellschaft von einer großen Wut erfasst. Die Menschen griffen nach Steinen, um die Dienerin und Kreusa zu steinigen. Auch Ion hatte einen Stein in seiner Faust.
Kreusa flüchtete zum Tempel. Bevor der erste Stein flog, blieb die Menge mit einem Male stehen. Etwas Unerhörtes geschah. Pythia hatte ihren Sitz im Tempel, den bronzenen Dreifuß, verlassen und schritt, ein Körbchen in ihrer Hand, die Stufen hinab.
Sie sprach: »Apollon hat mir befohlen, ich soll das Rätsel lösen. Ion, lass ab von deinem Zorn. Kreusa ist unschuldig.«
»Willst du dich vor eine Mörderin stellen?«, schrie Ion erbittert.
Pythia zeigte ihm das Körbchen, in dem die Windel und die Schmuckstücke lagen.

»Was siehst du?«, fragte sie ihn.
»Nun, ich sehe, was alle sehen, einen kleinen Korb.«
»Es ist das Weidenkörbchen, in dem ich dich als Kind hier auf den Stufen des Tempels gefunden habe. Es kann dir helfen, zu erfahren, wer deine Mutter ist.«
Kreusa war erschüttert, als sie den Korb sah. Sie trat näher zu Ion und sagte: »Das ist der Korb, in dem ich dich vor Jahren ausgesetzt habe. Du, Ion, bist der Sohn des Apollon und mein Kind.«
Voller Zweifel schauten Ion und die Menschen auf Kreusa. Konnte man ihr glauben?
»Ich stickte damals in die Windel zu deinem Schutz das abscheuliche Bild der Medusa und legte ein Armband, einen Halsreif und einen Ring von meinem Schmuck dazu. Sieh nach, mein Sohn, was du in dem Korb findest.«
Ion nahm den Schmuck heraus und zeigte ihn den umstehenden Menschen. Dann faltete er die Windel auseinander. Alle erschraken und wendeten sich von dem fürchterlichen Bild ab.
Mutter und Sohn lagen sich in den Armen. Kreusa sagte: »Xuthos ist der Mann, den ich liebe. Aber nicht Xuthos, Ion, sondern der Gott dieses Tempels, Apollon, ist dein Vater.«
Xuthos wurde für Ion ein liebevoller Pflegevater. Als

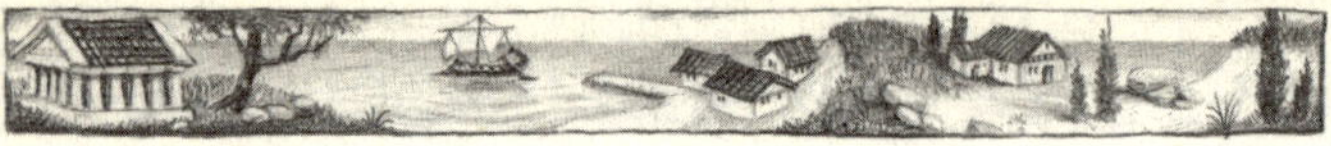

Xuthos starb, übernahm Ion das Erbe. Seine Nachkommen gaben sich nach dem Göttersohn Ion den Namen »die Ionier«. Unter ihrer Herrschaft gedieh Athen und Glück und Segen kamen über das ganze Land.

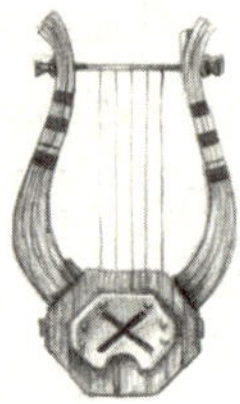

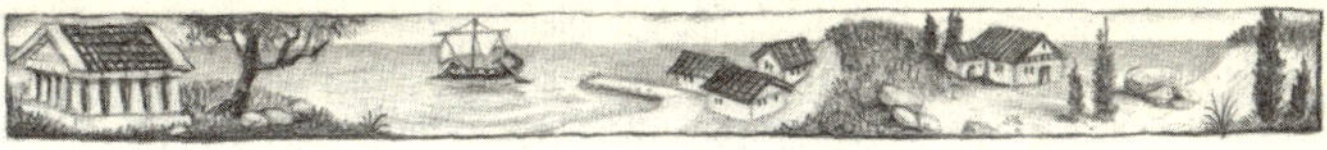

Philemon und Baucis

Es war unter den Göttern erzählt worden, die Gastfreundschaft bei den Sterblichen sei geschwunden und jeder denke nur an sich selbst. Zeus wollte herausfinden, ob das nur ein böses Gerücht war. Mit seinem Sohn Hermes machte er sich auf. Sie schritten in der Gestalt einfacher Wanderer durch Städte und Dörfer. Ihr Aussehen war das von Menschen und nichts deutete darauf hin, dass sie vom Olymp herabgekommen waren.

Sie klopften an Portale von prächtigen Häusern, hinter denen gewiss reiche Leute lebten, sie pochten an Tore und Türen. Doch ob die Bewohner im Überfluss lebten oder von der Hand in den Mund, überall wurden sie abgewiesen. Niemand gewährte ihnen ein Lager für die Nacht, niemand bot ihnen einen Platz an ihrem Tisch an. Ja, manchmal wurden sogar die Hunde von den Ketten gelassen, um die Bittsteller zu vertreiben.

Zeus und Hermes fanden, dass alles weitaus schlimmer war, als es die Götter erzählt hatten. Es wuchs der Zorn des Zeus und vielleicht hätte er Donner und Blitz gegen die Menschen geschleudert, um dieses eigensüchtige Geschlecht auszulöschen. Doch da erblickte Hermes eine kleine Hütte auf einem Hügel. Sie war aus Holzbalken errichtet und mit Schilf gedeckt. Er machte Zeus darauf aufmerksam und schlug vor: »Wollen wir es nicht noch einmal versuchen?«

Zeus stimmte zu. Eine Gans begann aufgeregt zu schnattern. Wachsamer als mancher Hofhund meldete sie die Ankunft der Fremden. Hermes klopfte an die niedrige Tür. Sie hörten Schritte und es wurde ihnen geöffnet. Ein alter Mann und seine Frau fragten, was die Wanderer wünschten. Als sie hörten, dass die beiden eine Bleibe für die Nacht suchten, und wenn es möglich sei, auch einen Schluck Wasser gegen den Durst und ein Stück Brot für den knurrenden Magen, da baten die Alten sie freundlich herein. Die Hütte bestand nur aus einem einzigen Raum und die Armut schaute aus allen Ecken hervor.

»Meine Frau heißt Baucis und ich trage den Namen Philemon«, sagte der Mann. »Wir haben vor vielen Jahren geheiratet und sind gemeinsam alt geworden.«

»Haust ihr ganz allein in dieser Hütte?«, fragte Zeus.

Der Alte lachte und antwortete: »Es lebt sich ganz unbeschwert, wenn man sein Herr und sein Diener zugleich ist.«

Baucis hatte inzwischen die Asche von der Glut gescharrt, schichtete Späne darauf und entfachte mit ihrem Atem das Feuer. Philemon trug zwei Stühle herbei und rückte sie für die müden Wanderer zurecht. Dann holte er aus dem Gärtchen Gemüse verschiedener Art. Seine Frau legte Holz nach und hängte einen Topf mit Wasser über das Feuer. Sie begann eine Suppe zu kochen. »Selten klopft bei uns jemand an«, sagte Philemon. »Wir haben nämlich nie Kinder bekommen und Verwandte leben auch nicht mehr.« Er zuckte mit den Schultern. »So ist das eben, wenn man alt wird.« Er wandte sich an Baucis und fragte: »Was hältst du davon, wenn ich von unserem Rauchfleisch ein Stück abschneide? Die Suppe wird dann viel besser schmecken.«

»Das Beste für die Gäste«, stimmte sie zu. Er holte mit einem Haken den Rest eines Schweinerückens aus dem Rauch, schnitt das Fleisch in Stücke und warf es in den Topf. Ein würziger Geruch erfüllte bald darauf den ganzen Raum.

Während Philemon mit den Gästen redete und nach dem Woher und Wohin fragte, schaffte seine Frau eine Schüssel mit warmem Wasser herbei, damit die Wanderer ihre Füße baden konnten. Der Tisch wurde mit schimmerndem Leinen festlich gedeckt. Über die Weidengestelle, auf denen man sich zum Mahl zu lagern pflegte, breitete sie zwei schön gemusterte De-

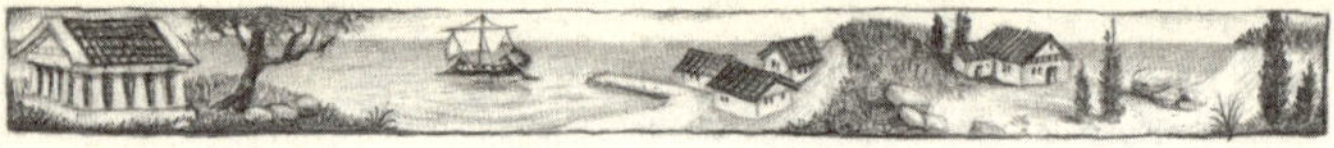

cken, die sie selbst aus weicher Wolle gewebt hatte. Hölzerne Becher wurden aufgesetzt und auch irdene Teller.

Als Baucis die Suppe auftragen wollte, rief Philemon ihr zu: »Einen Augenblick warte damit, Baucis. Du weißt doch, unser Tisch ist auch nicht mehr der jüngste.« Um den beiden Männern zu zeigen, was er damit meinte, drückte er auf die eine Ecke der Tischplatte. Sie sahen, dass der Tisch wackelte.

Philemon griff nach einem dünnen Holzscheit und schob es unter das eine Tischbein. Aus einem silbernen Krug, dem einzigen Gefäß von einigem Wert, das sie besaßen, goss Philemon Wein in die Becher. Er entschuldigte sich, dass es nur ein einfacher Landwein sei. »Aber es ist der einzige Wein, den wir uns leisten können. Und es ist auch der letzte Trunk, den wir besitzen«, sagte er und stellte den Krug an den Rand des Tisches. Er hob seinen Becher und hieß noch einmal die Gäste herzlich willkommen. Sie tranken sich zu.

Die Suppe schmeckte den Göttern gut. Sie schöpften nach, auch weil sie merkten, dass alles gern gegeben wurde. Die beiden Alten hatten im Laufe des Jahres im Garten die verschiedensten Früchte geerntet und boten zum Nachtisch Feigen, Nüsse, Äpfel und Rosinen an.

Philemon goss aus dem Krug Wein nach. Plötzlich

stutzte er. Wieso wurde der Krug nicht leer? Er probierte einen Schluck. Woher kam dieser köstliche Tropfen, der ihm süß und schwer über die Zunge rann? Er schaute Baucis an, doch die schüttelte nur verwundert den Kopf, als sie sah, dass der Krug nach wie vor voll geblieben war. Die beiden erblassten. Sie ahnten, dass sie keine Irdischen aufgenommen hatten, und sanken vor Schreck in die Knie. Doch noch bevor Zeus und Hermes ein Wort sagen konnten, rief Baucis aufgeregt: »Philemon, wir werden die Gans schlachten und den Gästen ein Festmahl bereiten.«

Das Tier, das sich friedlich in einer Strohschütte gelagert hatte, wurde aufgeschreckt und flatterte mit lautem Geschrei durch den Raum. Die Alten hatten ihre Wendigkeit längst eingebüßt und bekamen die Gans nicht zu fassen. Sie flog auf und suchte Schutz im Schoß des Zeus. Der streichelte ihr das Gefieder und sie beruhigte sich.

»Lasst eurem Hausgenossen das Leben«, sagte Zeus und lächelte die beiden an. »Wir sind nicht irgendwelche Wanderer. Wir gehören zu den unsterblichen Göttern. Ihr aber konntet das nicht wissen und habt uns doch aufgenommen wie eure Brüder. Hundertfach wurden wir von den anderen Menschen davongejagt. An euch erkennen wir, dass die Gastfreundschaft nicht vollends gestorben ist. Und nun«, fuhr er fort, »schnürt euer Bündel und zieht die Sandalen an. Folgt uns, damit die Strafe, die wir über die anderen Menschen in der ganzen Gegend verhängen, euch nicht trifft.«

Als sie noch zögerten, fast gelähmt vor Schreck, winkte ihnen Hermes aufmunternd zu. Die Götter gingen bergwärts voran. Philemon und Baucis folgten und hinterdrein watschelte die Gans, als ob sie wüsste, dass die Hütte im Tal ihr kein Obdach mehr bieten konnte.

Dicht unter dem Gipfel des Berges wurde den Alten der Atem kurz und sie verharrten eine Weile. Sie wagten einen Blick zurück. All die vielen Häuser im Tal waren im Wasser versunken und mit ihnen Mensch und Tier. Ein See hatte sich ausgebreitet bis hin zu den Bergen in der Ferne.

Baucis bedeckte das Gesicht mit den Händen und zwischen den Fingern quollen ihre Tränen hervor. Philemon erblickte dicht am Ufer des Sees ihre Hütte. Zeus trat zu ihnen. Sanft zog er die Hände von Baucis' Gesicht und deutete ins Tal. »Gerecht ist die Strafe für ein verderbtes Geschlecht. Doch da, schaut auf das einzige Haus weit und breit, in dem die Gastfreundschaft noch nicht vergessen worden war.«

Die Alten sahen und staunten. Aus der alten wind-

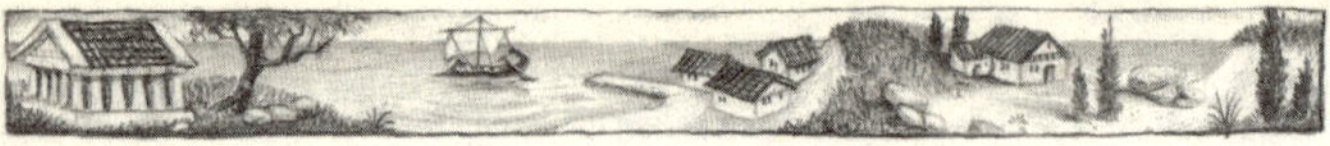

schiefen Hütte wuchsen schlanke Säulen empor, ein Dach trugen sie, und statt des Schilfes deckten es goldene Schindeln. Stufen aus schimmerndem Marmor führten in das Innere eines Tempels. Sein Giebel war geschmückt mit herrlichem Bildwerk.
Philemon und Baucis standen und schauten. Die Augen gingen ihnen über vor diesem Wunder. Doch nicht genug. Zeus sagte zu ihnen: »Ihr aber, die ihr uns nur Gutes getan habt, mögt einen Wunsch äußern. Was es auch sei, ich werde es euch gewähren.«
Kurz nur tuschelten Philemon und Baucis miteinander. Dann sagte der Alte: »Erhabener Gott, gewähre uns die Bitte, diesen herrlichen Tempel zu hüten, solange wir leben. Und wenn du es willst, dann lasse uns einst gemeinsam sterben, damit keiner von uns in Trauer zurückbleiben muss.«
Zeus und Hermes entschwanden wie in einer Wolke den Blicken der beiden. Sie gingen zurück und wurden die Priester des Tempels. Viele Wallfahrer kamen und brachten Zeus Opfergaben dar. Philemon und Baucis wurden sehr alt. Eines Tages saßen sie vor dem Tempel, genossen die letzte Wärme der Abendsonne und erzählten sich von ihrem langen Leben, in welchem die Liebe zueinander nie erkaltet war. Mit einem Male begannen aus den Gliedern der beiden Alten Blätter

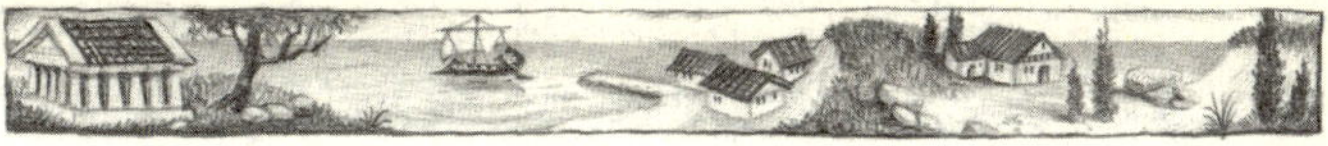

zu wachsen und Äste schließlich. Ihr Leib wurde zu einem Baumstamm. Sie riefen sich zu: »Es war ein erfülltes Leben. Leb wohl. Leb wohl.« Dann bedeckte das Astwerk auch ihre Gesichter. Mächtige Bäume wuchsen empor und sie standen so dicht beieinander, dass man sie für einen einzigen halten konnte.
Viele Menschen, die zu diesem Zeustempel kamen, hängten Blumenkränze in das Geäst und sprachen zueinander: »Diese liebten und wurden von den Göttern geliebt.« Und sie gingen davon mit der Sehnsucht im Herzen, ihr eigenes Glück nicht durch Selbstsucht zu zerstören.

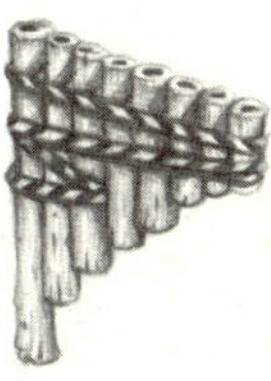

Namen- und Sachverzeichnis

Admete Tochter des Königs von Mykene, Eurystheus

Agenor König von Tyrus und Sidon, Vater der Europa

Aigeus König von Athen, Vater des Theseus

Aithra Tochter des Königs von Troizen, Pittheus, Zweitfrau des Königs von Athen

Aigeus Mutter des Theseus

Amazonen kriegerische Frauen, lebten am Schwarzen Meer

Amphitrion König von Tiryns

Antaios Riese in Libyen, Sohn der Erde und des Poseidon

Antigone Tochter des Oidipus und der Iokaste

Antikleia Tochter des Antolykos, Mutter des Odysseus

Antolykos Gott der Diebe, Sohn des Hermes

Aigina Tochter des Flussgottes Asopos

Akrisios König von Argos, Großvater des Perseus

Alkmene Tochter des Königs von Tiryns und Mykene, Geliebte des Zeus, Mutter des Herakles

Aphrodite Göttin der Liebe, aus dem Meerschaum geboren

Apollon auch Phoibos Apollon, Gott der Weissagung, Sohn des Zeus und der Leto

Ares Gott des wilden Kampfes, Sohn des Zeus und der Hera

Argos Fabelwesen mit hundert Augen

Ariadne Tochter des Kreterkönigs Minos

Artemis Göttin der Jagd

Asopos ein Flussgott

Athene auch Pallas Athene, Göttin der Kunst und der Weisheit, kluge Tochter des Zeus und der Metis

Atlas Sohn des Titanen Japetos und der Klymene, trug das Himmelsgewölbe

Augias König von Elis

Baucis Frau des Philemon

Charon Fährmann, der die Toten über den Fluss Styx in das Totenreich brachte

Chiron ein Kentaure, erlöste Prometheus

Chrysippos Sohn des Pelops

Danae Tochter des Königs von Argos, Akrisios, Geliebte des Zeus, Mutter des Perseus

Daidalos Erfinder, Baumeister, Künstler in Athen, Vater des Ikaros

Deianeira Tochter des Königs von Kalidon, Oineus, Frau des Herakles

Demeter Göttin des Ackerbaus und der Fruchtbarkeit, Tochter des Kronos und der Rhea, Schwester des Zeus, Mutter der Persephone

Diktys Fischer, Bruder des Königs der Insel Seriphos, Polydektes

Diomedes	König in Thrakien, Sohn des Ares
Dionysos	Gott des Weins und der Fruchtbarkeit, Sohn des Zeus und der Semele
Elatos	ein Kentaure
Elektryon	König von Tiryns und Mykene, Sohn des Perseus, Vater der Alkmene
Epimetheus	Sohn des Titanen Japetos und der Klymene
Erechtheus	König von Athen
Erginos	König in Boiotien
Erinnyen	Rachegöttinnen
Eros	Gott der Liebe
Eteokles	Sohn des Oidipus und der Iokaste
Eumeniden	auch Erinnyen, Rachegöttinnen
Europa	Tochter des Königs von Tyrus und Sidon in Phoenikien, Agenor
Eurystheus	Sohn des Zeus und der Nikippe
Eurytos	König von Euchalia, Vater der Iole
Eurynome	Geliebte des Zeus
Gaia	Urmutter der Erde
Geryones	Riese in Erytheia
Giganten	riesige Söhne der Gaia
Gorgo	Gorgonen, schrecklich aussehende Fabelwesen
Graien	Fabelwesen ohne jegliche Farbe, Töchter des Meergeistes
Hades	Gott der Unterwelt, die nach ihm oft auch Hades genannt wird

Hebe Göttin der Jugend, Tochter des Zeus und der Hera, Frau des Herakles

Hekate dreiköpfige Göttin im Totenreich

Haimon Sohn des Kreon

Helena Tochter des Zeus und der Leda

Helios Sonnengott

Hephaistos Gott des Feuers, (vielleicht) Sohn des Zeus und der Hera, kunstvoller Schmied

Hera Schwester und Frau des Zeus, Beschützerin von Ehe und Haus

Herakles Sohn des Zeus und der Alkmene, viel besungener Held der Griechen

Hermes Götterbote, führte u. a. die Toten in die Unterwelt

Hesperiden Töchter des Atlas

Hestia Göttin des häuslichen Herdes

Hippodameia Tochter des Königs Oinomaos

Hippolyte Amazonenkönigin und Frau des Theseus

Hyllos Sohn des Herakles und der Deianeira

Hyperion einer der Titanen

Ikaros Sohn des Daidalos

Io Tochter der Königs der Pelasger, Inachos, Geliebte des Zeus

Iokaste Frau des Laios, Mutter und Frau des Oidipus, Schwester des Kreon

Iolaos Freund des Herakles

Iole	Tochter des Königs Eurytos, Geliebte des Herakles
Ion	Sohn des Apollon und der Kreusa
Inachos	König der Pelasger, Vater der Io
Isis und Apis	ägyptische Gottheiten, ursprünglich Io und ihr Sohn
Ismene	Tochter des Oidipus und der Iokaste
Japetos	einer der Titanen
Kadmos	Sohn des Aginor, Bruder der Europa
Kassiopeia	Mutter der Andromeda
Keleos	König von Eleusis
Kentauren	Fabelwesen, halb Pferd, halb Mensch
Kerkyon	Unmensch mit einem Drachenschwanz
Keyx	König von Kalydon
Kirke	Zauberin, Tochter des Helios, Schwester der Medeira
Klymene	Frau des Titanen Japetos, Mutter des Atlas, des Prometheus und des Epimetheus
Klymene	Frau des Merops, Mutter des Phaeton
Koios	einer der Titanen
Kokalos	König auf Sizilen
Kreon	einer der Titanen
Kreon	Bruder der Iokaste
Kreusa	Tochter des Königs von Athen, Erechtheus
Kronos	der jüngste der Titanen
Kyklopen	Söhne von Gaia und Kronos, einäugige Riesen

Laertes	König von Ithaka, vermeintlicher Vater des Odysseus
Laios	König von Theben
Lapithen	raues, gewalttätiges Volk
Leto	Geliebte des Zeus, Mutter von Apollon und Artemis
Linos	Lehrer des Herakles
Lykodemus	König der Insel Skyros
Maia	Geliebte des Zeus
Medeia	Frau des Königs Aigeus
Medusa	Schrecklichste und einzige Sterbliche der Gorgonen
Megara	Tochter des Kreon, Frau des Herakles
Melanippe	Schwester der Amazonenkönigin Hippolyte
Meleagros	Sohn des Königs Oineus
Memosyne	Geliebte des Zeus, Mutter der neun Musen
Menestheus	verdrängte Theseus vom Königsthron in Athen
Merope	Frau des Königs von Korinth, Polybos, Pflegemutter des Oidipus
Merops	König der Insel Kos, Gatte der Klymene
Metaneira	Frau des Königs von Eleusis, Keleos
Metis	weise Göttin, erste Liebe des Zeus
Minos	König von Kreta, Sohn des Zeus und der Europa

Minotauros	Fabelwesen, halb Mensch, halb Stier, seine Mutter war Pasiphae
Muse	Musen, neun Töchter des Zeus und der Memosyne, singen den Göttern bei ihren Festen
Myrtilos	Sohn des Hermes, Rosselenker des Königs Oinomaos
Najade	Najaden, die Nymphen
Nereiden	Töchter des Meeresgottes Poseidon
Nereus	ein Meergeist
Nessos	ein Kentaure
Nikippe	Geliebte des Zeus, Mutter des Eurystheus
Nymphen	auch Nereiden, Gottheiten der Natur, z. B. Bergnymphen, Quellennymphen, Flussnymphen usw.
Oidipus	Sohn des Laios und der Iokaste
Oineus	König in Aitolien, Vater der Deianeira und des Meleagros
Oinomaos	König in Elis, Sohn des Ares
Okeanos	einer der Titanen
Omphale	Königin in Lydien
Olympier	die Götter der Griechen, deren Sitz der Olymp ist
Pallas	Bruder des Königs von Troizen, Pittheus
Pallas Athene	s. Athene
Pan	Fabelwesen mit Bocksbart und Ziegenfüßen

Pandora	sagenhafte erste Frau, von Hephaistos geschaffen
Pasiphae	Gattin des Königs von Kreta, Minos
Pegasos	geflügeltes Ross, später Wahrzeichen der Dichter
Perigune	Tochter des Räubers Sinis, pflanzenkundige Heilerin
Periphetes	ein Riese
Pelops	Sohn des Tantalos
Peirithoos	Blutsbruder des Theseus
Persephone	Tochter des Zeus und der Demeter, Frau des Hades
Perseus	Sohn des Zeus und der Danae
Phaeton	Sohn des Helios und der Klymene
Phaidra	Tochter des Kreterkönigs Minos, Schwester der Ariadne, Frau des Theseus
Philemon	Gatte der Baucis
Phineus	Onkel der Andromeda
Phoibe	eine Titanin
Pholos	ein Kentaure
Phyleus	Sohn des Königs in Elis, Augias
Phytaliden	gastfreundliches Volk nahe Athen
Pittheus	König von Troizen
Polybos	König von Korinth, Pflegevater des Oidipus
Polydaktes	König der Insel Seriphos
Polyneikes	Sohn des Oidipus und der Iokaste

Poseidon	Gott der Meere
Proitos	Zwillingsbruder des Akrisios
Prokrustes	bösartiger Schmied, der die Wanderer tötete, indem er sie auf einem Eisenbett zu Tode streckte
Prometheus	Titanensohn, Freund der Menschen, brachte ihnen das Feuer
Pterelaos	Enkel des Poseidon
Pythia	Priesterin des Apollon im Tempel in Delphi, verkündete Apollons Orakelsprüche
Rhea	eine Titanin, Frau des Kronos, Mutter von Zeus, Poseidon, Hades, Demeter, Hestia und Hera
Skiron	grausamer Wegelagerer
Sinis	Räuber in der Gegend von Korinth
Sisyphos	listiger Schlaukopf, Gründer der Stadt Korinth
Sphinx	Fabelwesen, halb Löwe, halb Frau
Syrinx	eine Nymphe
Talos	Neffe und Schüler des Daidalos
Tantalos	Sohn des Zeus, König von Lydien
Tartaros	tiefste Unterwelt
Teiresias	blinder Seher
Thanatos	Todesbote der Unterwelt
Theia	eine Titanin
Theseus	Sohn des Königs von Athen, Aigeus, viel besungener Held Griechenlands

Thetis	eine Titanin
Titan	Titanen, Söhne und Töchter der Gaia und des Uranos
Uranos	der Himmel, Sohn der Gaia
Xuthos	Enkel des Zeus, Gatte der Kreusa
Zeus	höchster der griechischen Götter